Bendita pena

———

"Una guía exhaustiva y compasiva sobre uno de los procesos de crecimiento esenciales en la vida. El duelo no es una penalidad que se nos impone; es la labor de sanación que realiza el amor cuando perdemos a un ser querido."

RABINO ZALMAN M. SCHACHTER-SHALOMI,
COAUTOR DE *FROM AGE-ING TO SAGE-ING*

"Ayuda a las familias a hacer frente al duelo en una forma robustecedora, honrosa y vital."

GERSHON WINKLER, DIRECTOR DE
LA FUNDACIÓN "WALKING STICK"
Y AUTOR DE *THE WAY OF THE BOUNDARY CROSSER*

"[Deborah Morris Coryell] escribe con una voz misericordiosa que nos reconforta y al mismo tiempo nos desafía a promover la transformación a través de la experiencia de la pérdida. Esta obra es un excelente acompañante. . . un recurso útil y de validación para los consejeros de duelo, para cualquiera que trabaje con personas afligidas por una pena y para muchos que tratan de superar penas en sus propias vidas."

THE LIBRARY LETTER, UNIVERSIDAD BASTYR

Bendita pena

Sanar a través del dolor y la pérdida

DEBORAH MORRIS CORYELL

Traducción por Ramón Soto

Inner Traditions en Español
Rochester, Vermont • Toronto, Canada

Inner Traditions en Español
One Park Street
Rochester, Vermont 05767
www.InnerTraditions.com

Inner Traditions en Español es una división de Inner Traditions International

Titulo original: *Good Grief: Healing Through the Shadow of Loss* publicado
    por Healing Arts Press, sección de Inner Traditions International

Nota al lector: *El propósito de este libro es que sirva de guía informativa.
Los remedios, métodos y técnicas aquí descritos tienen por objeto servir de
complemento, no de sustituto, a la atención médica profesional. No deben
utilizarse para tratar dolencias graves sin haber consultado antes a un profesional
calificado de la salud.*

ISBN: 978-1-59477-301-3

Impreso y encuadernado en Estados Unidos por Versa Press

10 9 8 7 6 5 4 3 2 1

Diseño del texto por The Warren Group y diseño por Priscilla Baker

Este libro ha sido compuesto con la tipografía Garamond y la presentación,
con las tipografías Bernhard Modern y Nuptial Script

Dedico este libro a mi padre, Saul Goldman (bendito sea su recuerdo), un hombre común gracias a cuyo amor extraordinario sigo aprendiendo y sanando.

Con gratitud

A lo largo de las agonías y los éxtasis que he experimentado al escribir este libro, he recibido la inspiración de ángeles guardianes. Mi incursión en el proceso de recuperación ante el duelo por seres queridos no habría sido posible sin el amor y el apoyo económico incondicionales de Phyllis y Harvey Sandler, Marsha y Ben Swirsky, Carolyn y Steve Lieberman. Al proporcionarme apoyo, me dieron acceso a otras dimensiones de mi propio ser. Estoy eternamente agradecida.

Doy las gracias a familiares y amigos que creyeron en mí cada vez que tropezaba y caía, y cuando la duda y la ira me hacían flaquear. Ellos, en cambio, se mantuvieron firmes. A veces sabían mejor que yo lo que debía hacer.

Mis agradecimientos a Mel y Enid Zuckerman, fundadores de Canyon Ranch Living, cuya pasión y dedicación en lo que respecta a la creación de balnearios de bienestar dio lugar a una revolución en la conciencia, que ha permitido explorar todas las artes de sanación.

Agradezco a Jane Centofante, cuya labor de edición hizo que se impusiera el orden divino sobre el caos sagrado; a Mindy Seeger, que me presentó a Jane y cuya profunda capacidad de escuchar me permitió superar ciertos momentos muy duros; y a Annette Hanzer Pfau que leyó mis palabras con el corazón y luego diseñó un hermoso libro que sirviera de receptáculo para ellas.

Muchas gracias a Bill, mi esposo y compañero del alma, quien tomó una página tras otra de mi escritura ilegible—con flechas que iban de una cara del papel a la otra y de arriba a abajo—y meticulosamente construyó no una ni dos, sino tres versiones de este libro; que compartió conmigo aterradores descensos a toda una vida de pena; que me inspira con su amor.

Agradezco a mi hijo, Matt, cuyo nacimiento me dio una razón

para vivir y cuya propia vida sigue dándome lecciones de humil-
dad y sabiduría.

Por último, extiendo mi agradecimiento a todas las personas
cuya desaparición física ha hecho que sus familiares y amigos
en duelo acudieran a mí; que me enseñaron que el duelo es un
derecho innato de la vida y que el amor no requiere forma, sólo
requiere tener abierto el corazón.

La vida sólo puede ser comprendida hacia atrás,
pero únicamente puede ser vivida hacia delante.

SØREN KIERKEGAARD

Contenido

Carta al lector

Quiero desplegarme.
No quiero quedar doblegado en parte alguna,
porque allí donde estoy doblegado, me siento falso . . .

RAINER MARIA RILKE

Gentil lector,

Corría el año de 1985 cuando recibí la primera llamada telefónica que me hizo entrar en el círculo del duelo. Era Directora del Programa de Bienestar/Educación en el balneario Canyon Ranch en Tucson, Arizona, y pensaba que ya había llegado a donde quería ir. Al haber sido parte del equipo que concibió este magnífico entorno dedicado a la salud, la educación y la forma física, establecer el Departamento de Bienestar parecía ser la culminación de lo que, hasta ese momento, había sido la obra de mi vida.

Durante mi niñez en Brooklyn, Nueva York, descubrí la seducción del magisterio. Uno de mis recuerdos más antiguos es de una ocasión en cuarto grado en que un maestro de estudios sociales nos explicaba algo que mi compañera de aula no lograba entender. Me incliné hacia ella para explicarle lo que decía el maestro y, para mi sorpresa, vi cómo la expresión de confusión y temor en el rostro de mi amiga daba paso al alivio de la comprensión. ¡Me volví adicta! Años después, mi padre llegó a perfeccionar el arte de dormir con los ojos abiertos mientras hacía las veces de oyente de todo lo que yo iba aprendiendo y me moría por enseñar.

Cuando Ron Sandler, entonces gerente general de Canyon Ranch, me llamó por teléfono en 1985 para preguntarme si podía hablar con una mujer cuyo hijo adolescente se había suicidado dos semanas antes, no titubeé. Por supuesto que podía, respondí, sin tener la menor idea de qué decir. Cuando Gloria se puso al teléfono, su voz era casi inaudible. Me preguntó en un susurro: "¿De qué podríamos hablar? ¿Cómo puede usted ayudarme?" Mi respuesta fue tan sorprendente para ella como lo fue para mí: le dije que su hijo Robert era quien necesitaba ayuda y sanación. "Pero él está muerto", dijo la madre entre sollozos. Sí, dije, por eso es que debemos ir adonde él vive: en nuestros corazones y mentes.

En ese momento, mi vida dio un giro. Yo aún no lo sabía, pues no había experimentado grandes cambios. Seguí siendo directora del Programa de Bienestar/Educación del balneario hasta que tanto el programa como yo necesitamos un cambio. Entonces me concentré exclusivamente en dar asesoramiento a personas que hubieran experimentado sucesos catastróficos en la vida. De vez en cuando recibía a una madre que llevaba sobre sí la carga y el dolor de haber perdido a un hijo. A todas y cada una les abrí mi corazón. Mi labor relacionada con enfermedades catastróficas me había llevado muchas veces ante las puertas de la vida y la muerte para compartir la carga con los dolientes y la aflicción con la persona que agonizaba. En esa época, e incluso ahora, quienes me oyen hablar de esta labor me miran a la cara y se preguntan cómo podía lidiar con la tragedia de esos encuentros. Me apresuro a explicar. Para mí representa una increíble oportunidad de sanación y un gran honor sentarme con otra persona y compartir la carga del duelo que todos debemos llevar en ciertos momentos de nuestras vidas, muchas veces en soledad. El duelo nos lleva al corazón mismo de la vida. Nos lleva al punto de encuentro entre el amor y la sensación de pérdida. Sólo lloramos por lo que hemos amado y, dado el carácter transitorio de la vida, el amor y la sensación de pérdida están íntimamente conectados entre sí. No es sólo que todos vamos a morir—experiencia que podemos ver como la pérdida de una vida o como una onda de energía en transformación—sino que cada momento cambia y, al cambiar, trae consigo pérdidas.

Mi primer encuentro como estudiante de filosofía fue con las enseñanzas del filósofo griego Heráclito: "Todo cambia. . . Nada permanece. . . Uno nunca puede bañarse dos veces en el mismo río." ¿Qué quería decir Heráclito? Y, ¿era esta sentencia un motivo de celebración o un causante de lágrimas y temores? Cuentan que el gran médico y psicoanalista Carl Jung decía a los pacientes que estaban sumidos en la desesperanza: "¡Abramos una botella de champaña! ¡Has tocado fondo, ahora podemos empezar a salir gradualmente del agujero!" Pero si un paciente llegaba con espíritu de celebración y gozo, Jung hundía la cabeza en las manos y decía: "¡Ay! Esto es terrible. Ahora vendrá el descenso." No es que Jung fuera pesimista. Es que así es la vida. Cambia constantemente, es impredecible.

En el momento en que Gloria y yo comenzamos nuestras exploraciones sobre cómo sería la sanación en el caso de una mujer cuyo hijo se había suicidado, tanto en la vida de ella como en la mía había cierto grado de definición e integridad. Menos de cinco años después, esa situación había cambiado por completo en mi caso. Me fui de un hogar y de una comunidad que nunca pensé dejar atrás, que nunca abandonaría por mi propia decisión si no fuera porque las circunstancias me obligaron. Las traiciones que procuré integrar representarían a la larga no sólo la pérdida de hogar, amigos y seguridad, sino de mí misma según la imagen que me había hecho de mí misma.

Cuando era niña, mi adorado hermano Warren me convenció de que ambos debíamos dedicarnos a la medicina. Él llegaría a ser médico y yo sería su enfermera. Yo no imaginaba que hubiera nada mejor, y así fue como desde muy temprano llegó a mi vida la combinación del magisterio y la sanación, que se ha mantenido hasta el día de hoy, casi medio siglo después.

Al llegar a la edad adulta en los años 60, me sucedieron dos cosas que definieron mi propio rumbo. La primera fue que conocí las obras de defensores de la salud como Adelle Davis, Carlton Fredericks, Jethro Kloss y Henry Bieler. El tipo de medicina que propugnaban tenía sentido para la joven hippie en que me estaba convirtiendo. Parecía haber una sabiduría innata y una insistencia en la responsabilidad personal con respecto a la salud y el bienestar del ser humano que no se podía encontrar en la medicina ortodoxa. En segundo lugar, sentía el llamamiento de los primeros tanteos del feminismo y de mis exploraciones en materia de yoga y hacia dimensiones espirituales que se salían de la ortodoxia judía en que me habían criado. No tenía por qué ser la enfermera subordinada a mi hermano; podía tener mi propio ámbito de acción en el que rendiría honor a la pasión que estaba sintiendo por enseñarme a mí misma y enseñar a otros a ocuparnos de nuestro propio bienestar sin depender tanto de los médicos. Me volqué a estudiar yoga y nutrición, y al mismo tiempo seguí cursando mi licenciatura en psicología y luego cursé estudios de posgrado en trabajo social.

Estas exploraciones hicieron que me distanciara de mi familia tanto en lo físico como en lo filosófico, lo que me hizo pagar un precio similar al que pagaron muchos de mis contemporáneos en los años 60. Quedé enajenada de mi familia y de la sociedad convencional y empecé a dudar de mi propia capacidad, ya no de triunfar, sino de sobrevivir siquiera en el mundo. En mi último año de estudios en Queens College, me diagnosticaron depresión clínica. Yo lo describía como un ataque de nervios, pero "sin los nervios". Sencilla y llanamente, había perdido mi valor y, con él, toda la confianza y el bienestar que éste supone. En esa época se hacían los primeros descubrimientos en materia de antidepresivos y estimulantes.

Mi hermano Warren, que para ese entonces había terminado su doctorado en psicofarmacología, estaba estudiando medicina. Me llevó a ver a Helen Singer Kaplan, una mujer enormemente creativa, compasiva y cálida que, casualmente, no sólo era profesora suya, sino una pionera en psiquiatría en aquellos tiempos. Me prescribió una serie de medicamentos, el último de los cuales era la Toracina (que en la actualidad se reserva casi exclusivamente para el tratamiento de la psicosis) y me dijo que tenía un desequilibrio químico en el cerebro y que, igual que los diabéticos con la insulina, tendría que tomar este medicamento por el resto de mi vida y que todo saldría bien. Unos días después de haberme aclimatado a la Toracina, comencé a recuperar mi valor y a establecer los cimientos de mi relación conmigo misma y con mi mundo. Lo fui haciendo paso a paso.

Por muy oscuro y aterrador que fue ese año de mi vida, siempre me he sentido agradecida por el descenso. Volví a encontrar mi camino, llegué a deshacerme de los medicamentos, paso a paso, y siempre he sentido que nunca volvería a perderme por completo. Siempre recordaría el camino; como Hansel y Gretel, pues había dejado marcas en el sendero.

Mi trabajo con la sanación y el duelo me llevaría a la postre a mi propia confrontación con la muerte. En 1981, me descubrí en la garganta un tumor maligno que resultó ser un cáncer de la tiroides que había hecho metástasis en dos ganglios linfáticos. En ese momento, mi atención a la dieta, el ejercicio físico y el bienestar emocional había comenzado a dar un giro decididamente diferente. Me sentí fascinada por lo que estaba comenzando a descubrir como equivalencia metafórica de la enfermedad, o la idea de que las enfermedades no sobrevienen arbitrariamente, sino que son una función de la forma en que nos cuidamos y también de la forma en que pensamos de nosotros mismos y en que nos sentimos. Los órganos que se ven afectados se convierten en metáforas de la sanación que debe ocurrir como parte del encuentro con la enfermedad. Por ejemplo, en los años 70 el médico-escritor Michael Crichton hizo algunas investigaciones con pacientes cardiacos, en las que simplemente preguntaba a cada uno por qué creían que habían sufrido un ataque cardiaco. Para gran sorpresa de Crichton, ¡todos hablaron de "aflicciones del corazón" en sus vidas! En mi caso, el cáncer había empezado en la tiroides y había hecho metástasis en dos nódulos linfáticos cercanos en la garganta. Un curador con quien había trabajado me interrogó sobre mi estilo de vida. En esa época, mi carrera avanzaba a la velocidad de la luz. Tenía un hijo recién nacido e impartía clases sobre cuidado de uno mismo. Consumía comidas rápidas y funcionaba a toda marcha a lo largo del día, sin tiempo para nada que no fuera trabajo. El curador me miró y dijo: "Tienes la boca llena de arena. Impartes enseñanzas que no aplicas en tu propia vida." Palabras duras, pero ciertas. Me sometí a una operación para quitarme el tumor y me propuse cambiar mi vida. Me tomé mi tiempo y comencé a trabajar con pacientes de cáncer, y con otros aquejados por enfermedades mortales. La catástrofe era mi tarjeta de presentación.

Por eso, lo más natural en mi evolución como maestra y curadora sería que asumiera al fin la pena de larga data ocasionada por la separación de mi familia. Y de veras la asumí plenamente. Cuando me fui de la casa de mis padres a los diecinueve, me alejé de mi madre, de mis hermanos *y de mis sobrinos. Mi don y mi fortuna fueron que mi padre siempre ha permanecido a mi lado, incluso después de su fallecimiento.*

En 1975, conocí a un psiquiatra con quien compartí mi angustia de no tener familia. Aunque comprendía el precio de mis decisiones en la vida y estaba dispuesta a pagarlo, de todos modos sufrí profundamente la pérdida de mi familia. El psiquiatra me dijo: "Su gente, los judíos, conocen la forma más sana de lidiar con el luto. Siga ese ejemplo". En ese entonces yo tenía veinte y nueve años y estaba recién divorciada; acababa de mudarme a miles de millas de todas las personas y todas las cosas que me eran conocidas. Presté atención a lo que decía el psiquiatra. Cuatro años más tarde, cuando empecé a crear el departamento de bienestar en el balneario Canyon Ranch en Tucson, me vi compartiendo con otros algunos aspectos de esa sabiduría antigua. Fue mucho lo que aprendí en cada ocasión, sobre todo de las mujeres que se me han acercado en mi vida "soportando" su dolor. ¿Por qué son siempre mujeres?, me preguntaba. Pero he llegado a apreciar ese aspecto de la femineidad que no sólo es capaz de soportar los dolores del parto sino los del luto.

En 1990, me mudé al sur de California y me sumé a varios proyectos de centros de bienestar, pero no me dediqué a ello de corazón. Volví a matricular en cursos de posgrado, con planes de convertirme en una licenciada más en terapia clínica. A mitad de camino en mis estudios tropecé con las profundas limitaciones que siempre me habían chocado en el contexto clínico, especialmente la forma en que se mantienen distanciados entre sí el cliente y el terapeuta para protegerlos de la doble contaminación de la intimidad personal y el intercambio social. Yo no funcionaba así. Desde 1985, cuando mantuve aquella primera conversación telefónica con Gloria, había seguido andando por los senderos del luto con los que llegaban a mí. El trabajo se convirtió en una vocación o un "llamado". Mis clientes y yo compartíamos lo que cada uno aprendía del otro. Para mí es un regalo ser llamada a espacios que sólo puedo calificar de sagrados.

Al terminar mis estudios de posgrado, pasé algún tiempo en la costa del Este con tres mujeres, todas ellas afligidas por penas de algún tipo.

Lois, a quien conocía desde hacía casi quince años, volvió a recibir un diagnóstico de tumor cerebral, lo que a la postre la llevaría a la muerte; Eli, la madre de un amigo muy querido, también había recibido un diagnóstico de tumor cerebral; y Estelle, cuyo marido y compañero del alma había muerto recientemente en forma inesperada, dejándola a ella emocionalmente en añicos. A Estelle no la conocía de antes pero, cuando entré con ella al hogar que ella había compartido con su marido, Al, lo primero que vi fue la cara de Al que me sonreía desde las fotos colocadas sobre el piano. Supe entonces que estaba donde debía estar. Al ver el rostro maltrecho de Estelle, dije en voz alta: "Usted se preguntará quién soy; por qué estoy sentada aquí". La respuesta era sencilla. En la gran tradición del judaísmo, estaba allí para "sentarme" con esta familia. Para compartir la carga de su dolor mientras pudiera. Otros vendrían antes y después de mí. Compartiríamos, como comunidad, el proceso del duelo.

En el vuelo de regreso a casa, le dije a mi esposo, Bill: "Este trabajo me pone a cantar el corazón". ¿Le parece extraño esto? Muerte, duelo, sufrimiento. ¿Cómo es posible que alguien en su sano juicio decida entrar (voluntariamente) en esas experiencias y decir que le pone a cantar el corazón? ¿Es una obsesión mórbida con la muerte? ¿Una forma indirecta de sentirme poderosa? Ni una ni la otra. Lo que pasa es que me lleva a los límites mismos de la vida. Acompañar a cualquiera en su paso por el valle de las sombras producidas por la pérdida de un ser querido significa amarlos y recibir su amor en la forma más incondicional. Significa comenzar a penetrar, aunque sea ínfimamente, los misterios de la vida y el amor. Significa hacer frente a los demonios del miedo y a la aterradora oscuridad de lo desconocido. Significa compartir, así sea por unos segundos cada vez, la convicción de que nunca podemos perder nada que alguna vez hayamos conocido.

Así fue como, durante ese mismo vuelo con mi esposo, nació la Fundación Shivá. "Shivá" nos hace recordar no sólo la costumbre judía en relación con el duelo sino también al Señor Shiva, la representación en el hinduismo de la dualidad esencial de la vida. El ciclo de nacimiento y muerte, creación y destrucción, una tras la otra en una danza sin fin. Con la Fundación Shivá, exploramos las posibilidades de sanación a través del duelo; de aprender un idioma con el que podamos comunicar nuestras penas; disponer de imágenes relacionadas con la pérdida de seres queridos que nos abran paso a lo desconocido en vez de encerrarnos en el terror; tener maneras de pensar sobre la muerte y las innumerables pérdidas que experimentamos cotidianamente de modo que lleguemos a darnos cuenta de que la única pérdida verdadera es nuestra falta de disposición a ver la vida cara a cara. En su libro The Heart of Stillness *[El corazón de la quietud], David Cooper nos dice: "Lo desconocido es un territorio donde acecha la verdad". La sanación a través del duelo nos pide, nos exige, que encontremos nuestra verdad.*

En las páginas siguientes presento lo que he aprendido de todos aquellos que me han invitado a compartir su carga de dolor. Ofrezco estas enseñanzas de modo que cada una represente una exploración completa de algún aspecto de la experiencia de pérdida. Confío en que le servirá y le ayudará a encontrar sus verdades que aún acechan en lo desconocido.

Deborah Morris Coryell
Mayo de 1997

Diez años después . . .
mayo de 2007

———————

Si el destino te lanza un puñal, de ti depende
que lo recibas por la hoja o por el mango.

PROVERBIO PERSA

Gentil lector,

Cuando publicamos la primera edición inglesa de Good Grief: Healing Through the Shadow of Loss *[Bendita pena: Cómo reconciliarse con la pérdida de un ser querido] en octubre de 1997, no teníamos la menor idea de cuántas vidas serían tocadas por este libro lleno de gracia. Miles de lectores de todo el mundo nos escribieron para contarnos sus relatos de dolor y sanación. En medio de mi viaje personal, que me llevó de California a Nuevo México y de vuelta a California, por todo el caos de establecer una familia y cultivar mi pasión por la sanación, las artes de sanación y los centros de sanación, las cartas y mensajes electrónicos que recibía me sorprendían y me estimulaban el espíritu. Ahora que tengo la oportunidad de volver a escribirle, diez años después, sigue en pie la pregunta: ¿Qué he aprendido yo de ustedes en estos últimos años?*

Éstas son las verdades que ustedes me enseñan una y otra vez sobre la vida:

- 🔥 *La vida es cambio constante.*
- 🔥 *El cambio es impredecible, a menudo inimaginable, y no lo podemos controlar.*
- 🔥 *Nuestro sufrimiento aumenta cuando queremos que la vida sea algo distinto de lo que es.*

Éstas son las verdades que me enseñan sobre la pena y la pérdida de seres queridos:

- 🔥 *La pérdida de un ser querido destruye nuestro sentido de integridad y deja un agujero negro.*
- 🔥 *El vacío, el agujero negro de la pérdida, lleva dentro de sí el amor que dimos a nuestro ser querido.*
- 🔥 *Ese amor es la semilla de nuestra sanación. La sanación representa el viaje de regreso a la integridad.*

Diez años después . . . mayo de 2007

El vacío de la pérdida contiene la simiente de nuestra sanación. Ésta es la "madeja" que nos conduce a la sanación a través de las sombras de una pérdida catastrófica. La "madeja" a que me refiero, en la mitología griega antigua, era la que Ariadna dio a Teseo antes de que éste entrara en el laberinto para matar al Minotauro. Todos los que entraron antes que él murieron, pues no pudieron encontrar la salida. Ése es el grito del doliente. Ése es el terror del duelo: ¿"Volveré a ver la luz? ¿Podré salir alguna vez de este agujero negro?"

Sí. Usted tiene en sus manos la madeja (la pista) para encontrar la salida del laberinto de la pena. Salga del laberinto con el amor que allí encontró. Recíbalo y luego compártalo una y otra vez. Ésa es la simiente de volver a la integridad. El amor que dio no se ha perdido. El ser querido se lo ha devuelto para que usted pueda sanar. Ahora ese amor necesita encontrar una nueva forma.

He tenido la bendición de enterarme del gran alcance que han tenido las enseñanzas de este libro para quienes han pasado por la iniciación a la que la pérdida y el dolor nos someten a todos. Me maravilla ser testigo de la sabiduría que nos permite pasar por etapas que parecen insuperables. Después de lo sucedido el 11 de septiembre, me ha inspirado el sinnúmero de personas que hacían una pregunta sencilla: ¿Cómo puedo honrar esta pérdida? ¿Cómo puedo convertir el dolor de lo que "no debió haber sucedido" en una respuesta de reafirmación de la vida y del amor? La respuesta es que el amor no tiene fecha de vencimiento; es reciclable hasta el infinito. Tome el amor que dio a su ser querido y repártalo siempre y en todas partes. Porque al darlo, usted es sanado.

Bendiciones en su viaje de sanación,
Deborah

La experiencia no es lo que te sucede,
sino lo que haces con lo que te sucede.

ALDOUS HUXLEY

Examen de la naturaleza de la pérdida

primera parte

La sensación de estar perdidos

Un viaje de diez mil millas comienza
donde ya están los pies.

TAO TE CHING

Lo confieso. Soy adicta a los significados. Busco significado en acontecimientos, pensamientos, imágenes y, particularmente, palabras, aparentemente aleatorios. Por eso, cuando oigo decir que A ha perdido a su esposo, o que B ha perdido su empleo, me pregunto por qué usamos la palabra *perdido*. Podríamos decir "muerto" o "despedido" o "traicionado", pero no lo hacemos. Casi siempre hablamos de una pérdida. Entonces, ¿qué es lo que estamos diciendo en realidad cuando escogemos esta palabra en lugar de otras? Cuando pensé en esto por primera vez, creí que la elección de la palabra *perdido* era una forma de no reconocer la realidad o, lo que es peor, una forma de cobardía. Pensaba que era un reflejo de nuestros temores y de nuestra falta de disposición a llamar al pan, pan y al vino, vino. Por eso me propuse convencer a todos de que era incorrecto usar esa palabra. Pero, en lugar de ello, he aprendido lo adecuada que es esta palabra en particular. Porque el término *perdido* tiene distintos niveles de significado que, al mismo tiempo que incluyen los ámbitos físicos de la pérdida, los trascienden para incluir en ellos ámbitos de emoción, pensamiento y espíritu.

Dentro de la idea de la "pérdida" está contenida la sensación de soledad. ¿Será que cuando decimos "he perdido . . ." en realidad queremos decir "estoy perdido"? Cuando estamos apegados a alguna persona u objeto y quedamos separados de ellos, perdemos nuestro sentido de conexión, de saber dónde está nuestro lugar en el mundo. Hemos perdido nuestro lugar. De nosotros depende si esa pérdida es temporal o permanente. Parte del proceso del duelo consiste en volver a encontrar nuestro lugar en el mundo. Definirnos: ¿Quién seré si ya no soy la esposa de Jim? ¿O la madre de Laura, la hija de Bob, el amigo de Susana, el jefe del departamento de mantenimiento, el propietario de una bella casa?

La propiedad y la responsabilidad son cuestiones intrínsecas a la idea de la "pérdida". Para que pierda algo, tiene que haberle pertenecido. Y si era suyo y lo ha perdido, ¿ha actuado usted irresponsablemente? ¿No se ha ocupado de lo que le pertenecía? Perdemos objetos cuando no prestamos atención a dónde los hemos puesto. ¿Qué significa entonces cuando una mujer dice: "He perdido a mi esposo"? Si ha perdido a su esposo, ¿dónde lo perdió? ¿Qué es exactamente lo que se ha perdido? La experiencia del mundo nos llega a través de los sentidos. Conocemos nuestro mundo porque podemos percibirlo a través de la vista, el oído, el gusto, el tacto y el olfato. Cuando hemos perdido a una persona, o un objeto o momento, perdemos la capacidad de percibirlo.

Nuestra primera reacción ante la pérdida es visceral y convulsiva. Nos sentimos como si nos hubieran golpeado en la barriga. Nos doblamos y contraemos con la intención de protegernos del golpe. ¿Dónde está nuestro ser querido? Lo hemos perdido. No podemos encontrarlo. Como no lo encontramos en ninguna parte, no creemos que haya sucedido. ¡La mente es incapaz de comprender lo que no pueden ver los ojos! La incredulidad abrumadora del primer día, la revulsión física que sentimos, se convierten rápidamente en un torrente de emociones. La pérdida nos embarga ahora con sentimientos de culpabilidad. ¿Fui descuidado? ¿No me ocupé adecuadamente de este obsequio que se me había confiado? ¿Qué podría haber hecho para impedirlo? Luego los sentimientos de culpabilidad dan paso a pensamientos de responsabilidad —¿quién es responsable?—y de castigo— lo he perdido y ahora pago mi penitencia. ¿Por qué yo? ¿Por qué ahora? ¿Quién tiene la culpa? Giramos en círculos interminables en torno a estas preguntas hasta que, agotados y demolidos, empezamos a oír los gritos del espíritu: ¡Yo soy lo que se ha perdido! ¿Dónde estoy? ¿Quién soy? Nada nos parece bien. En medio del dolor, la culpabilidad y la ira ante la pérdida, oímos la voz de nuestra propia alma vagante, perdida y fuera de nuestro alcance.

Cuando éramos niños y salíamos solos, quizás al parque o al

circo, ¿no nos decían nuestros padres que, si nos perdíamos, nos quedáramos en el mismo lugar? Que no nos fuéramos de allí. Que nos quedáramos quietos hasta que alguien nos encontrara. Los guardabosques nos advierten que, si nos perdemos en el bosque, no debemos entregarnos al pánico ni tratar de buscar el sendero que hemos perdido. Debemos parar, buscar un lugar donde esperar cómodamente y prestar oído. Si encontramos el sendero adecuado, podemos echar a andar de nuevo. De lo contrario, debemos esperar y pedir auxilio. Hay un pasaje maravilloso en el clásico de la literatura infantil *Un oso llamado Paddington,* en el que Paddington necesita ayuda pero, como es un oso muy cortés, pide auxilio en muy baja voz para no molestar a nadie.

Pida auxilio en voz alta. Rompa el silencio con el grito de su alma. Su dolor, su pérdida, su pesar deben inquietar al mundo. Se han desencadenado las fuerzas del caos y la destrucción. Cuando nos detenemos, nos sentamos y prestamos oído, reconocemos no sólo que hemos sufrido una pérdida sino que nosotros mismos estamos perdidos. Entre los judíos practicantes, la tradición de guardar shivá después del fallecimiento de un familiar representa un reconocimiento de que la persona que se siente perdida debe detenerse y esperar tranquila durante siete días (*shivá* significa siete en hebreo). Los siete días de shivá dan comienzo a un ciclo de duelo de un año en el que se reconoce que nuestras vidas están circunscritas por ciclos temporales: el día, la semana, el mes, el año. Estos cuatro ciclos pueden compararse con los cuatro mundos: el mundo físico, el emocional, el mental y el espiritual. En el duelo, pasamos el primer ciclo completo, el primer día, semana, mes y año, como si cada momento fuera una experiencia totalmente nueva que vivimos por primera vez con nuestra pérdida. Al dedicar los dos primeros ciclos (el primer día y la primera semana) a detenernos, sentarnos y apartarnos de las responsabilidades y los aspectos ordinarios de nuestras vidas, podemos crear un espacio para nuestro propio yo, que se ha perdido.

En los dos primeros ciclos del duelo, el ciclo físico y el emocional, nos encontramos en un lugar seguro en nuestro hogar, rodeados de familiares y amigos que nos quieren. Al estar perdidos y a la espera de que alguien nos encuentre, estos familiares y amigos pueden protegernos de las preocupaciones relacionadas con el trabajo y del ajetreo normal de la vida cotidiana. Los que ya han sufrido pérdidas y conocen el camino pueden acudir a nuestra ayuda para acompañarnos de vuelta al sendero de los vivos. Pero al principio nos tomamos todo el tiempo que podemos y dejamos que afloren el dolor, los demonios, los temores y las iras. Al final de la semana, salimos al mundo para volver a comenzar nuestras vidas, sabiendo que todavía nos quedan cincuenta y una semanas que vivir como recién nacidos.

Desde el punto de vista físico, dependemos de nuestros sentidos. Cuando perdemos a una persona o un objeto, debemos adaptarnos a los cambios sensoriales que han ocurrido en nuestro mundo. Las técnicas de visualización nos pueden ayudar a ver, oír, degustar, oler y palpar todo lo que ocupa nuestras mentes. La capacidad de la mente de almacenar experiencias y volver a reproducirlas con toda su intensidad supera la capacidad de cualquier computadora que hasta hoy se haya imaginado. La capacidad de nutrirnos con nuestros recuerdos es muy subestimada, como lo es la capacidad de la mente de almacenar todos los recuerdos de nuestros sentidos. Nunca pueden "perderse". Cuando queremos o necesitamos estar con alguien o algo de lo que nos sentimos desconectados, podemos echar mano a nuestras reservas de experiencias recordadas. Por supuesto, no será lo mismo que tener "el objeto real", pero no tenemos por qué juzgar si es mejor o peor. Con paciencia y práctica, simplemente podemos reconocer que es distinto y aprender a apreciar lo que ahora es posible. El Dr. William Brugh Joy, escritor y maestro de conciencia de la sanación, diría que para el organismo, desde el punto de vista bioquímico, la experiencia de recibir un abrazo de uno mismo no se diferencia de recibir un abrazo de otra persona. Al "abrazarse a uno mismo", uno experimenta el mismo aumento en la producción de linfocitos T, y también en la respuesta inmunológica y en la secreción de endorfinas. De modo similar, estamos descubriendo que la respuesta del cuerpo ante acontecimientos "imaginarios" suele ser muy similar a sus respuestas ante acontecimientos "reales".

Concentrarnos en lo que no es posible, en lo que está ausente de nuestras vidas, en lugar de concentrarnos en lo presente, nos mantiene atrapados en un ciclo de miedo y desesperanza que a menudo se manifiesta como ira y culpabilidad. Hemos aprendido que la defensa emocional ante el miedo es la ira y que la defensa emocional frente a la desesperanza es la culpabilidad. Nuestro mecanismo psicológico de supervivencia (la idea de que sólo sobreviven los fuertes) convierte nuestro miedo en ira. La ira es proactiva, pues se dirige hacia el exterior, hacia otros, a diferencia del miedo, que es reactivo y se dirige hacia el interior, hacia uno mismo. La desesperanza se transmuta en culpabilidad por la misma razón: para desviar el centro de atención de uno mismo y dirigirlo a otra persona. Si bien este mecanismo puede dar resultado en algunas circunstancias, es insuficiente e ineficiente cuando se trata de la sanación ante el duelo y la pérdida. ¿Por qué? Porque tenemos más poder sobre nosotros mismos que sobre otras personas. Podemos cambiar nuestra forma de pensar pero no la de otros. Cuando uno decide culpar a otros de su propio miedo y desesperanza, está restándose poder. De igual modo, cuando uno decide convertir su miedo y desesperanza en ira y culpabilidad dirigida hacia sí mismo, también está restándose poder. Si no puedo dirigirlos hacia afuera y tampoco hacia adentro, ¿qué puedo hacer? La única opción que queda es hacer frente honestamente al miedo y la desesperanza, con todo el apoyo que podamos recibir del mundo que nos rodea.

Después de guardar shivá durante siete días, salimos al exterior en el octavo día, rodeado de familiares y amigos y conscientes de que andamos por el sendero de una persona perdida. Ahora sabemos que la pérdida nos ha desmembrado y que estamos andando por el sendero de la reintegración. La pérdida se refiere a la experiencia física y mental. El duelo es el proceso de pasar a los ámbitos emocional y espiritual que nos ofrecen los meses y años que nos quedan por delante. La sanación no es un destino, sino un viaje.

Duelo esencial

. . . cada pérdida es de algún modo un eco
de esa primera pérdida,
la que tan bien conocemos.
Algo ocupa el lugar que le corresponde,
Nos resulta tan familiar que es casi un alivio.

GLORIA VANDERBILT, *A MOTHER'S STORY*

[*HISTORIA DE UNA MADRE*]

HE OÍDO DECIR que en las primeras fases del duelo experimentamos muchos sentimientos sin encontrar ningún lugar donde ponerlos, donde contenerlos. Con el paso del tiempo, me he dado cuenta de que el duelo es ese contenedor. El duelo encierra todos los sentimientos y pensamientos e imágenes que experimentamos en nuestros encuentros con la pérdida. En algunas culturas aborígenes llegan incluso a crear receptáculos —una cacerola, una canasta o un cuenco— que contienen simbólicamente el dolor del afligido. Con un recipiente así, la persona puede "guardar" su dolor y saber que lo mantiene en un lugar seguro, siempre a su alcance. Es una pena que en nuestra cultura no existan rituales ni objetos rituales. Donde más se nota esa carencia es en los momentos en que sufrimos una pérdida.

He llegado a la conclusión de que cada uno de nosotros tiene dentro de sí un "duelo esencial". Que, de hecho, nacemos con el duelo en el centro mismo de nuestro ser. Con el duelo como contenedor del sentimiento de pérdida, nacemos con ese recipiente en el núcleo de nuestro ser, porque el propio hecho de nacer representa una pérdida. Al nacer, se pierde la conexión física con la madre. Nos desconectamos de la fuente de vida que nos ha sostenido y protegido durante los primeros nueve meses. Hay quienes consideran que el nacimiento representa la pérdida de nuestra unión con la divinidad. Y algunos creen que nacemos con el conocimiento de nuestra propia mortalidad pues, a nivel celular, el organismo es consciente de su inevitable desaparición física. Hay células muriendo desde el momento en que nacemos.

Si el duelo nace con nosotros, y somos el contenedor, ¿por qué no estamos más familiarizados con él? Nuestros cuerpos contienen nuestra pena. Quizás los niños son conscientes de esto y, por lo tanto, tienen ante las pérdidas una soltura de la que carecen los adultos. Lloran con facilidad cuando sufren una pérdida, pero se recuperan rápidamente. Decimos que es porque los niños no comprenden el significado de una pérdida, ¡pero quizás es porque sí lo comprenden! Están más cerca del sentimiento porque ya han sufrido la pérdida mayor de la vida: la expulsión de la seguridad y la dicha del vientre materno. Desde el nacimiento se nos ha concedido el derecho básico a enseñar. Es una lección para toda la vida: cómo seguir viviendo, amando y alcanzando un mayor nivel de conciencia ante la separación de un ser querido.

Así pues, el duelo no es algo externo a nosotros, independiente de nuestra naturaleza. Lo contenemos en nuestro ser. Es intrínseco a nosotros. En el sentido bíblico del conocimiento, sabemos cómo practicar el duelo. Tenemos una relación íntima con él. Cuando no honramos una pérdida mediante su reconocimiento, primero ante nosotros mismos y luego ante nuestros familiares, el dolor se acumula. Suprimimos nuestros sentimientos hasta que sobreviene una pérdida lo suficientemente grande como para hacernos tambalear. Y entonces salen a flote todas las pérdidas suprimidas y se añaden al dolor de ese momento particular. Por eso nos sentimos verdaderamente abrumados.

Cuando la hija de D murió de un ataque cardiaco a los 25 años, D tuvo que lidiar no solamente con la muerte de su hija sino con la responsabilidad de sus nietos. Un día que hablábamos por teléfono, comenzó a contarme lo enojada que estaba con su ex esposo por el divorcio que habían tenido seis años antes. ¿Por qué me enojo ahora?, se preguntaba ella. Porque la muerte de su hija le había abierto de golpe el corazón y todo lo que tenía por dentro estaba empezando a salir.

Como sociedad, tenemos la tendencia a juzgar nuestras pérdidas y a ponerlas en un escalafón. Hemos decidido que el "peor" dolor es el que sentimos cuando fallece alguien que amamos. Pero, aún en este caso, existe una jerarquía de la aflicción. El dolor por la muerte de un niño es el mayor de todos, decimos. ¿Quién le sigue? ¿El padre o la madre? ¿El esposo o esposa? ¿Un hermano o hermana? ¿Y qué decir de los amigos que se han hecho parte de la familia?

Bajo el manto de la pérdida estamos empezando a incluir el dolor que sobreviene cuando experimentamos la separación de familiares y amigos debido a circunstancias distintas de la muerte. En nuestra sociedad con su increíble grado de movilidad, sentimos pesar como resultado de un divorcio o de un cambio de ciudad o incluso de un cambio de vecindario. ¿Y qué decir del pesar que sentimos por la juventud perdida y por los sueños que nunca se harán realidad? Como espectadores de eventos deportivos, a menudo oímos hablar del largo y difícil camino que conduce a un solo instante en la vida de un atleta y que puede o no hacerse realidad. En las Olimpiadas de 1996, cuando la nadadora estadounidense Janet Evans fracasó en su intento de ganar uno de los eventos en que participó, los medios de información se apiñaron encima de ella segundos después de su pérdida. Evans se comportó de una manera increíblemente fiel a su propio dolor cuando no sólo pidió, sino que exigió, un tiempo para "estar a solas" con su pérdida. Se resistió a un corresponsal de prensa que le insistía en que "siguiera adelante". En momentos como éste a veces tenemos la tendencia a decir: "Pero todavía tienes la vida por delante. Y no estás penando por una muerte". Pero en ese momento hay una muerte: la muerte de la persona en que ella se hubiera convertido si hubiera alcanzado su meta. Y ésa es una muerte que también merece su propio luto, acorde con la situación.

Comúnmente se considera que la muerte violenta y repentina de una persona joven es el tipo de pérdida que más justifica un duelo largo y profundo. La pérdida que se considera menos merecedora de un duelo prolongado es la de una persona mayor que haya gozado de una buena vida y haya muerto en paz. Pero, si el duelo es el receptáculo de nuestra experiencia de pérdida, ¿cómo puede un dolor ser mejor o peor que otro? Cada cual lidia con el dolor que le corresponde en el momento que éste llega. La comparación y el juicio de una aflicción contra otra hacen que nos separemos del sendero por donde todos transitamos. El duelo es una experiencia que compartimos como seres humanos. El nacimiento, la muerte y el dolor son los únicos acontecimientos de la vida que nos tocan a todos y cada uno.

La tarea primaria de la sanación *no* consiste, por lo tanto, en desconectarnos unos de otros ni de la vida. Cuando nos desconectamos, las circunstancias nos abruman y tocamos nuestro punto más bajo. Sólo podemos vivir a nivel de supervivencia y, a veces, ni siquiera eso. Cuando estamos abrumados, resulta difícil pensar claramente o escuchar lo que se nos está diciendo. Estamos perdidos, a merced de nuestro entorno. La sanación, por otra parte, nos exige estar presentes, conscientes y dispuestos.

Al prestar atención a las "pequeñas" pérdidas inherentes a cada día, llegamos a estar en mayor sintonía con nuestras respuestas a las "grandes" pérdidas de la vida. Eso nos da la oportunidad de aprender sobre el sentimiento de pérdida. La manera en que reaccionemos al perder una mascota o una amistad nos enseña cómo lidiar con otros tipos de pérdida. La capacidad de aprender que la vida está en constante cambio y a dejar ir poco a poco nuestros apegos (que a veces son obsesivos), hace que nos familiaricemos con el proceso de pérdida. Éste pasa a ser parte del ritmo de una vida de la que nos hemos vuelto deplorablemente desconectados.

Una de las sabias enseñanzas del duelo es la de que todos estamos conectados en nuestra experiencia de pérdida. Justo en el momento en que sentimos el dolor de la separación de la persona o el lugar que amamos, estamos conectados con cada una de las personas que alguna vez en su vida han experimentado una pérdida similar. Dentro de cada uno de nosotros nacen la vida y el sentimiento de pérdida. Conocemos el dolor pero lo rehuimos y también rehuimos a las personas que nos rodean cuyo dolor nos resulta demasiado intenso para compartirlo. En lugar de protegernos de "su" duelo, lo que conseguimos es convertirnos también en parias cuando nuestro propio duelo aflora inevitablemente a la superficie.

El poeta sufi Rumi dice: "Seamos como la sed en busca de agua". ¿Qué habría que hacer para que fuéramos como el sentimiento de pérdida en busca de duelo?

El tiempo no sana todas las heridas

Al estudiar el camino, es difícil hacerlo realidad;
una vez que lo hemos hecho realidad,
es difícil mantenerlo;
cuando logramos mantenerlo,
es difícil ponerlo en práctica.

REFRÁN ZEN

Entre las frases que más a menudo se repiten acerca del sufrimiento, están la de que "el tiempo sana todas las heridas" o "ya se te pasará". El tiempo pasa, pero no sana. La sanación es un proceso activo, no pasivo. Si sufrimos una cortadura y no hacemos nada para limpiarla ni aplicamos un bálsamo, es posible que forme una costra. Es posible que demore más en sanar o que se infecte, pero lo más probable es que la herida se cierre y deje una cicatriz.

Cuando tenía cinco años, huí de casa. No fui muy lejos: sólo llegué al vestíbulo de la planta baja. Esperé un rato, que me pareció una eternidad, a que alguien viniera a buscarme. Como nadie venía, metí la mano a través de una pequeña hoja de vidrio decorativa, con la intención de abrir la puerta. Una pequeña esquirla de vidrio se me introdujo en la parte carnosa y suave de la mano. La herida cicatrizó con la esquirla dentro.

Cuando experimentamos heridas del corazón, el alma y la mente, sentimos la sensación de que nos han abierto a la fuerza. A veces sangramos, en sentido figurado, por todas partes del cuerpo. Tarde o temprano, dejamos de sangrar y la herida se cierra pero, ¿qué ha quedado atrapado dentro? ¿Hemos sanado, o simplemente hemos cicatrizado con nuestra ira, miedo, resentimiento y duda por dentro? A veces la lesión se convierte en una "herida supurante" que, según la definición médica, es una herida que no sana porque contiene algún elemento nocivo que sigue produciendo secreción. ¿Cuántas "heridas supurantes" podemos sufrir antes de que se infecte todo nuestro sistema?

Al comenzar a explorar el significado de la sanación a través de la pérdida, descubrimos las antiguas raíces espirituales de las artes de sanación. Desde tiempos prehistóricos, el curador o chamán era el maestro más sabio y poderoso de todo el clan. En muchos idiomas, el verbo sanar viene de la expresión "volver a la integridad", que se deriva de la creencia de que, al enfermarnos, perdemos la integridad. Alguien o alguna circunstancia han quebrantado nuestra integridad y han provocado desasosiego en nuestro cuerpo. La sanación consiste en volver a esa integridad y ese sosiego perdidos. Volver a la integridad a menudo significa que de algún modo debemos incorporar el desasosiego para no seguir identificándolo como una amenaza. Una vez que se vuelve parte de nosotros, hemos incorporado en nuestros corazones, almas y mentes lo que antes considerábamos una amenaza. Esto explica cómo es posible que alguien que padezca de una enfermedad incurable pueda sanar: usa la enfermedad como sendero que lo devuelve a la integridad. Mi amiga Philomena vivió veintiún meses más que los tres que le habían pronosticado los médicos. En esos dos años se dedicó a procurar su sanación y, si era posible, su curación. Buscó dentro de sí todos los aspectos en los que no se sentía "íntegra" y llegó a convertirse en la persona que siempre quiso ser. Lo último que me dijo fue: "Si el precio de esta enfermedad era aprender todo lo que he aprendido, pago gustosamente con mi vida porque me he convertido en la persona que siempre he querido ser."

La sanación y la curación son dos conceptos muy distintos. La sanación es una idea espiritual y la curación, un concepto médico. La sanación es un proceso activo. No nos sucede por sí misma, requiere de nuestra participación en el proceso. La sanación ocurre como un regalo que nos damos a nosotros mismos en el momento en que decidimos mantenernos "abiertos" a lo que nos ha quebrantado.

En el tratamiento del dolor crónico, se nos enseña a no ponernos más tensos debido al dolor, sino a relajarnos y permitir que el dolor esté presente. La idea es que cuando nos resistimos al dolor, éste se intensifica. Cuando respiramos profundamente y reconocemos la presencia del dolor, le damos espacio para moverse y le permitimos fluir más fácilmente a través de nuestro ser. El dolor se hace presente para decirnos algo, para advertirnos sobre un posible peligro. Esto se aplica por igual al dolor físico y al dolor emocional, espiritual y mental. Cuando habla el dolor, debemos escuchar. Sólo necesitamos prestar atención al dolor para que, al sentirlo, recordemos respirar y distendernos. No es conveniente luchar contra el dolor, sino aprender de él.

El tiempo no sana. Pero la sanación toma tiempo. Dése tiempo a sí mismo. Volver a la integridad significa que, al abrirnos al dolor, nos abrimos a la pérdida. Se rompe nuestro cascarón y, como consecuencia, crecemos y asimilamos más de la vida. Asimilamos lo que habríamos "perdido" si hubiéramos cerrado nuestros corazones y mentes ante el dolor. Asimilamos lo que se hubiera perdido si no hubiéramos tomado tiempo para sanar. Como dice la cantautora Carly Simon: "Hay más espacio en un corazón quebrantado."

Práctica diaria

No podrás descubrir nuevos océanos
si no te atreves
a perder de vista la orilla.

PROVERBIO TIBETANO

EL MENSAJE MÁS FORMIDABLE que difunde nuestra cultura acerca del dolor y la pérdida es: ¡que no pensemos en eso mientras no nos obliguen las circunstancias! No sólo es uno de los primeros mensajes que recibimos, sino que es uno de los más resonados y el más persistente. Si no nos permitimos pensar en las pérdidas que pueden ocurrir en nuestras vidas, nuestros sentimientos de duelo se convierten en algo monstruoso, en una posibilidad que nunca hemos contemplado y con respecto a la cual no hemos desarrollado ninguna flexibilidad ni ingeniosidad. Los hemos enterrado en lo más hondo de nuestro inconsciente y hemos echado sobre ellos una gruesa capa de tierra que parece gritar: "¡Peligro —Material Tóxico!" Y, ¿de qué va acompañada normalmente esa advertencia? De una calavera, o sea, ¡de un símbolo de muerte!

Esta perspectiva no sólo inspira en nosotros diversas actitudes poco sanas con respecto a los sentimientos de pérdida, sino que los mantiene asociados con la muerte. Los temas del sexo, la procreación y la muerte ya han salido a la luz; temas que eran tabú en la "buena" sociedad ya son, sino fáciles, al menos más accesibles en la conversación. Pero la pérdida y su acompañante, el duelo, siguen siendo tabú, motivo de vergüenza y mantenidos en secreto. Al igual que el sexo, la procreación, la muerte y el dinero, forma parte de nuestras vidas cotidianas. Es así. ¿Pasa siquiera un día sin que experimentemos pérdidas de uno u otro tipo? Quizás necesitamos ejercitar los "músculos" que se usan al experimentar el duelo, del mismo modo que ejercitamos los músculos de nuestro físico. No podemos seguir posponiendo la necesidad de alcanzar niveles de forma física y bienestar en relación con nuestras actitudes y creencias sobre la experiencia que conocemos como "vida".

Nuestra capacidad de cerrar ciclos, de perder, con gracia,

conciencia y honor, requiere que hayamos desarrollado ciertas destrezas. Cada día nos proporciona oportunidades de perfeccionar esas destrezas. Quizás se trate de un pensamiento al azar que nos pasa por la mente o una experiencia que alguien comparte con nosotros. Puede ser que encontremos en el periódico una crónica de un accidente en el que un joven ha perdido la vida en un secuestro de automóvil. Nuestros pensamientos se concentran en esta crónica y la transponen a nuestras propias vidas. Y, con la misma, lo bloqueamos de nuestras mentes. ¡No! ¡No podemos permitirnos pensar en eso! ¿Por qué no? ¿Tenemos miedo de obsesionarnos morbosamente con "cosas malas" que pasan? ¿Es que van a dejar de pasar porque no nos permitamos pensar en ellas?

Hay un popular libro contemporáneo de autoayuda titulado *Cuando a la gente buena le pasan cosas malas*. Mi primera reacción ante ese título fue: ¿A quién debían suceder? ¿Será posible designar a un grupo de personas para que ellas sean quienes carguen con todas las tragedias? Mi segunda reacción fue: no se trata de que nos pasen cosas "malas". Son experiencias que ocurren en el transcurso de la propia vida. Como dice una pegatina popular: "pasan chorradas". Nuestra manera de hacer frente a las "chorradas" que suceden es una manifestación de nuestro bienestar relativo. También ocurren pérdidas. Ejercitemos con esas "pesas" ligeras de sentimientos de pérdida que nos trae la vida cotidianamente, para que podamos conocer cuáles son nuestros puntos fuertes y débilesóen qué aspectos estamos quizás heridos y necesitamos sanaróantes de que nos toque alzar pesas cada vez más grandes.

Cuando alguno de mis clientes me pregunta: "¿Por qué yo?", me siento tentada a preguntarle: "¿Y por qué no usted?" Y si no le toca a usted en este momento, algún día le tocará. Y si no experimenta determinado tipo de pérdida, será otro. ¿Es posible fortalecer los músculos sobre los que nos apoyamos ante una pérdida? Por supuesto. La fuerza proviene de practicar con cada pérdida que nos trae la vida. La práctica diaria tiene lugar cuando nos fijamos en nuestras reacciones al perderse un pendiente, al rompernos una pierna, al ver que alguien falta a una cita; al examinar nuestros temores y resistencias a medida que surgen; al prestar atención a nuestras vocecitas interiores que dicen: Nunca podría hacer frente a _____ *(llene el espacio en blanco)*. No podría seguir viviendo sin _____ *(llene el espacio en blanco)*.

Ahora, vuelva atrás y observe lo que sería necesario para sobrevivir a esas experiencias. Sin juicios. No reste valor a su lucha particular. Úsela como una forma de penetrar en su propia mente y en los muchos pensamientos que conforman sus sistemas de creencias. ¿Qué tan bueno es usted en rendirse? ¿En saber cerrar un ciclo? Fíjese en su forma de reaccionar cuando cambian los planes. Cuando cambian las personas. Cuando el clima no coopera con usted. Cuando comete un error. O rompe algo. O sufre una decepción. O cuando usted es quien decepciona a alguien.

Cuando empecé a enseñar yoga después de un hiato de veinte años, pensé que necesitaba un contrapeso a la soledad de escribir un libro. Unos meses después de empezar, me di cuenta de que estaba enseñando el yoga correspondiente a los sentimientos de pérdida: con cada exhalación, con cada postura, con cada advertencia de concentrar la mente en lugar de permitirle vagar, me percaté de cómo la antigua ciencia del yoga nos enseña a entregarnos. Se nos insta a relajar la forma en que nos aferramos a nuestros cuerpos, nuestra respiración y nuestras mentes. Se nos insta a dejar ir la necesidad de mantener el control, de aferrarnos, de dirigir el espectáculo. Mientras más procuramos hacer que las cosas sucedan de la manera en que queremos, menos probable será que nos salgamos con la nuestra. A veces la mejor enseñanza consiste en cabalgar en la misma dirección en que va el caballo.

¿Pero cómo podemos confiar en nuestra sabiduría interna si no hemos dedicado tiempo a luchar con ella, escucharla, recibir sus enseñanzas? El momento de buscar a nuestro maestro interno no es cuando ocurra un desastre; en lugar de ello, lo buscamos en la práctica cotidiana de la vida y la pérdida. Como nos recuerda uno de los maestros hasídicos: "Aunque un árbol de raíces fuertes puede soportar una fuerte tormenta, ningún árbol puede pretender que sus raíces se vuelvan más fuertes justo cuando la tormenta se avecina."

Seamos como el sentimiento de pérdida en busca de duelo.

Soportar la carga

Sólo quien sufre puede ser
guía y curador de los que sufren.

THOMAS MANN

¿Qué es lo que pedimos a otras personas cuando les decimos que "tengan paciencia" con uno? ¿Les estamos pidiendo que nos "soporten", que nos sigan la corriente aunque quizás no esté claro adónde nos dirigimos? Al penetrar en otra capa de significado, me pregunto si al pedirle que "tenga paciencia" conmigo, también le estoy pidiendo que me "sobrelleve", como quien soporta una carga. ¿Me ayudará a llevar esta carga por un tiempo? ¿Es capaz de soportar esta carga conmigo? Más aún, la expresión está también relacionada con el sentido de dar a luz. Por ejemplo, "ella dio a luz a tres hijos" significa que ella soportó en su vientre la carga de esos bebés y, en un momento dado, se deshizo de la carga cuando "les dio a luz".

Los términos *pena* y *duelo* parecen sugerir la idea de "soportar una carga pesada". Cuando compartimos el duelo con otra persona o cuando lo hacemos por nosotros mismos, aguantamos la carga de la pena. Cuando soportamos juntos una carga podemos ayudarnos a sobrellevar el dolor de la pérdida, y podemos incluso ayudarnos a sobrellevar lo que hemos perdido de modo que, quizás un día, gracias a ese proceso, demos a luz algo nuevo.

Recientemente tuve una dramática experiencia de sanación de mi propio dolor. Estaba realizando una sesión de sanación con mis amigos Ben y Marsha Swirsky y su hija Shari. Podría decirse que la familia Swirsky y yo comenzamos a andar juntos por este sendero hace años, cuando Joel Swirsky, apenas dos semanas antes de su decimonoveno cumpleaños, murió en un accidente automovilístico. Su familia acudió a mí para que compartiéramos el dolor. Sin saber lo que estaban pidiendo ni a qué estaba accediendo yo, decidimos soportar la pena juntos. Llegaríamos a llevar este dolor como iguales, porque yo también traía en el centro de mi alma una pérdida (la pérdida de mi relación con mi familia).

Marsha fue quien finalmente me convenció de que todos necesitamos saber cómo hacer que el duelo sea una parte "familiar" de la familia en que nacemos, o sea, que el duelo no tiene por qué ser exclusivamente trágico, mórbido y oscuro. A veces simplemente existe. ¿Cómo podemos tocar el sentimiento de dejar que nuestro dolor simplemente exista? ¿Cómo podemos aprender a ser tan honestos ante la pérdida que no necesitemos experimentar más ni menos pérdidas que las que efectivamente existan en cada momento?

La familia Swirsky y yo seguimos trabajando juntos durante años. Ocho años después de haber perdido a su hermano, Shari me invitó a estar presente cuando diera a luz a su propio hijo, Jakob Joel. Según un antiguo rito de iniciación en el que participaron personas invitadas por ella, Shari trajo a su hijo al mundo en un "nido de agua". Presenciar aquel proceso me permitió sanar partes de mi propio dolor y contribuir a la sanación de la familia.

Esta experiencia me enseñó de una forma muy real el significado de la filosofía hinduista según la cual la creación y la destrucción están unidas entre sí en el Señor Shiva. Este señor, que representa a la deidad hindú de la destrucción y la creación, nos enseña que cada acto de creación "soporta" dentro de sí un acto de destrucción y que cada acto de destrucción "soporta" dentro de sí un acto de creación. El fruto se pudre para que su semilla pueda germinar y convertirse en árbol. El bosque se vuelve más verde después de un incendio. El nacimiento y la muerte se siguen una al otro. Siempre y de todos modos, infinitamente, como sigue el día a la noche. Como sigue la primavera al invierno. El poeta Rabindranath Tagore escribe: "La muerte no significa extinguir la luz. Significa extinguir la lámpara porque ha llegado el alba."

La sanación, volver a la integridad, entraña que también nosotros incorporemos —que hagamos parte de nuestros cuerpos, literalmente— los actos de creación que sigue a la muerte y la destrucción. Según la cábala, la tradición mística judía, la vida no empieza verdaderamente mientras la persona no haya muerto.

¿Cómo puede ser eso? Porque la *presencia* que seguimos teniendo cuando ya no estamos *presentes* es lo que constituye un reconocimiento del poder de nuestro ser. Nuestros actos, nuestras acciones, son la manera en que hacemos sentir nuestra presencia en el mundo y, en la medida en que sigamos teniendo una influencia y un efecto en las vidas de las personas después de nuestra muerte, seguiremos viviendo.

Según las culturas antiguas, después de morir nos alejamos más y más del cuerpo que habitamos e incluso del mundo en que vivimos. Pero, cada vez que alguien haga algo "en nuestra memoria", cada vez que sirvamos de algún modo a la vida, se nos vuelve a convocar al plano físico. Vivimos. Para permanecer ante la presencia de alguien que amamos, después de su muerte, sólo tenemos que actuar positivamente en su nombre. Y no sólo nosotros volvemos a estar con ellos, sino que ellos también viven para otros. La dedicación de un ala de un hospital, de un banco en un parque, una beca, una pintura, un acto de caridad o un jardín traen al presente el recuerdo del pasado. ¡Cuántas veces he agradecido la oportunidad de comenzar una relación con una persona a quien he conocido póstumamente! Alguien se atrevió a presentarme a un amigo que había fallecido, para que también yo pudiera apreciar la sabiduría, el humor, la suavidad y la creatividad de una persona a quien no había conocido en vida. Mi esposo, por ejemplo, conversa a cada rato con su suegro, a quien conoció seis meses después de su entierro.

Soportar nuestro duelo, "llevarlo a término", como un embarazo, significa que algo nace de él. Y ese acto de nacimiento tiene un efecto de sanación. En ese proceso activo, volvemos a la integridad. Nos hemos atrevido a convertir el acto de destrucción en un acto de creación. Somos parte del misterio de la vida. Se nos ha iniciado en la sabiduría de la vida.

El concepto vinculado con el término *aflicción* no nos inicia en el proceso de llevar nuestro duelo a término. Es como si nos hubiesen robado. Ha ocurrido un acto delictivo y no hay sanación. No hay integridad. Lo que hay es una víctima a quien han robado su propiedad. Puede haber venganza y recurso legal, pero su sendero es muy distinto al sendero del duelo. La aflicción nos recuerda que nada en esta Tierra nos pertenece. Todo es un regalo. Ni siquiera la vida nos pertenece. Un relato hasídico nos habla de un rabino que recitaba una bendición sobre "encontrarse cara a cara con la pena que uno lleva". Agradecía a Dios que le hubiera dado la capacidad de *reconocer* su pena, la capacidad de entregarse a ésta; en suma, de soportar su pena hasta el final, hasta que ésta rindiera su fruto: la vida misma.

La carga de la pena es, después de todo, un llamamiento a darse cuenta de lo que es la vida: para que una persona o un objeto estén vivos, ¿necesitamos tenerlos en forma física? Mi hijo Matt tenía dos años y medio cuando se me diagnosticó un tumor maligno. Un día que íbamos los dos en nuestro viejo Mustang, me preguntó: "Mamá, cuando alguien muere ya no podemos verlo más, ¿verdad? Estuve a punto de asentir, pero me detuve a tiempo. "No. Eso no es cierto", le dije. "Aún puedes verlo. Puedes verlo en una foto o en tu imaginación". ¡Ni personas, ni lugares ni acontecimientos necesitan tener presencia física para estar en nuestro presente!

¿Necesitamos tener una respuesta para hablar con alguien? ¿No es posible satisfacer nuestra necesidad sin requerir una respuesta? Cuando tenía cinco años y mi madre volvió de guardar shivá por su padre, mi madre comenzó a tener un encuentro semanal con él y su hermana Sara, quien para ese entonces llevaba muchos años de fallecida. ¿Estaba chiflada mi madre? Los viernes por la mañana, mientras el ruido de la aspiradora ahogaba el sonido de su voz (o eso creía ella) les decía todo lo que tenía por dentro de su corazón. Era como escribirles una carta. A veces esperamos semanas o meses por una respuesta a una carta. A veces nunca la recibimos. Pero nada nos puede quitar la catarsis de haberla escrito.

Quizás el mayor desafío que nos presenta el duelo es la capacidad de ser honorables durante ese proceso. De no darle más importancia de la que tiene. Y, definitivamente, tampoco menos. Debemos hilar muy fino entre los excesos y la incapacidad de reconocer la realidad. Atrevernos a hacer las preguntas que nos presenta la pérdida, de cualquier tipo que ésta sea, y luego insistir en una respuesta sincera que satisfaga el viaje singular de nuestras almas.

Todos estamos solos en esto, pero al mismo tiempo estamos juntos.

Recursos para transformar nuestra relación con la pérdida

segunda parte

El arte de perder

Quienquiera que no se haya conocido a sí mismo
no ha conocido nada,
pero quienquiera que se haya conocido a sí mismo
ha alcanzado simultáneamente el conocimiento
de la profundidad de todas las cosas

JESUCRISTO

EN NUESTRA CULTURA, lo peor que se puede decir de un ser humano es que es un "perdedor". Pero, ¿acaso no somos todos perdedores? ¿No es la vida una experiencia constante de pérdida? El proceso de la vida consiste en finales y comienzos. Siempre estamos perdiendo algo. De hecho, desde que empezamos nuestra existencia terrenal, estamos "perdiendo" tiempo, momento a momento. Normalmente no pensamos de esta manera, pero quizás deberíamos hacerlo. Aspiramos aire, y esto representa un comienzo; lo espiramos, y representa un fin. La vida es cuestión de saber cerrar ciclos. Si no lo hacemos bien, no podemos vivir bien. Todo depende de nuestra forma de ver lo que observamos: tenemos la opción de verlo como algo morboso (o sea, "enfermizo"), o de verlo como el ritmo de la vida. Al aferrarnos excesivamente, nos desconectamos del ir y venir rítmico del mundo que nos rodea. Con sólo tocar un interruptor, podemos convertir la noche en día y tratar de derrotar a las fuerzas del deterioro y la destrucción. La pérdida se convierte en una afrenta: esto "no debía" haber sucedido.

Depende de nosotros determinar cómo vivir "el proceso de pérdida" en cada momento. Las posesiones se pierden o se rompen o simplemente desaparecen. Las personas y las relaciones cambian, siguen su camino o mueren. Las mascotas envejecen al igual que nosotros. Los sitios que una vez amamos ya han dejado de ser lo que significaban para nosotros. Los sueños que una vez tuvimos quizás nunca los alcancemos o tal vez cambiemos de parecer con respecto a nuestro deseo de hacerlos realidad.

La facultad de "cambiar de parecer" es una destreza excelente, que debemos poner en práctica al experimentar una pérdida. Depende de nuestra capacidad de modificar nuestra forma de pensar sobre alguna cuestión en particular, de reflexionar sobre la naturaleza de la pérdida y sobre lo que significa ser perdedor. Vivir es un arte, ¿no es cierto? También creemos que morir es un arte. ¿No habrá también un arte de perder, de experimentar el duelo? Desde la niñez se nos dice que no seamos "malos perdedores", pero acaso alguien nos enseñó a ser "buenos perdedores"?

Respire profundamente. Reflexione un momento sobre esto. Saber perder representa libertad: libertad del dolor y la confusión y el miedo vinculados con la pérdida. Tenemos tanto apego a nuestro dolor, miedo y confusión relacionados con la pérdida como el que teníamos al objeto o persona que sentimos haber perdido. Quizás hemos reemplazado un apego con el otro: el apego al amor por el apego al dolor. Respire hasta sentir el vacío, hasta sentir el dolor creado por la pérdida. Manténgase así por unos instantes. Amamos. Entregamos nuestro amor a alguna persona u objeto o lugar. Experimentamos apego a través de ese amor. Y, de repente (o gradualmente) el objeto desaparece de nuestra vista. ¿Dónde poner entonces el amor? Tenemos amor sin un lugar donde ponerlo. El duelo se convierte en nuestra experiencia de no tener un receptor para nuestro amor, de no tener ningún lugar donde ponerlo.

La sanación del duelo consiste en seguir amando aunque hayamos experimentado una pérdida. Lo que experimentamos visiblemente es la desaparición de una persona u objeto. Pero en el fondo, el sentimiento de pérdida nos enseña que no se pierde nada que alguna vez hayamos conocido. Lo que hemos *conocido,* lo hemos asimilado internamente de tal manera que ha pasado a formar parte de la esencia misma de nuestro ser. Es parte de quienes somos y, mientras estemos vivos, tendremos la capacidad de seguir profesando amor incluso a las personas u objetos que ya no sean parte de nuestra realidad cotidiana. Esto significa que deberemos "cambiar de parecer" sobre muchos conceptos que hemos tenido en relación con la pérdida: las ideas de que lo que ya no podemos "ver" no existe. Que lo que ya no podemos tocar no sigue viviendo. Que si no hay respuesta, la relación se acaba.

Cierre sus ojos y vea lo que ya no puede tocar, lo que ya no tiene ante usted. Busque dentro de sí hasta encontrar la experiencia y el sentimiento de palpar, oír u oler lo que creía que había perdido.

Recuerde.

Estamos obsesionados por los temores impuestos por la sociedad, que nos dice que no debemos seguir conectados con lo que ha desaparecido, lo que está en el pasado, lo que se ha perdido. Se nos advierte que existe un escollo, una salvedad, simbolizada en la obra de Dickens por el personaje de Miss Havisham: debemos desconfiar de la parte de nosotros que desea vivir en el pasado. El desafío consiste en traer el pasado con nosotros de tal manera que no hayamos perdido nada. No ignoramos el desafío debido al obstáculo que representa. A decir verdad, sería imposible olvidar el pasado aunque quisiéramos. Lo que podemos hacer es dejar algunas cosas en el pasado y seguir amando otras. Se nos pide dar nueva forma a lo que estaba contenido en una relación anterior. Nuestra pena se convierte en el receptáculo de lo que sentimos que hemos perdido y, en el proceso del duelo, alcanzamos alguna nueva forma de integridad. Creamos una manera de incorporar, o sea, de integrar en nuestros cuerpos, lo que ha dejado de tener forma. Como un gusano de seda, nos metemos en una capullo, un lugar seguro, para que el antiguo yo pueda disolverse y crearse uno nuevo.

Como mismo sucede con el arte de perder, esta metamorfosis no es automática. No ocurre simplemente a lo largo del tiempo. Es más bien un acto de autoconciencia. El duelo constituye un sendero a la autorrealización porque en el proceso del duelo reconocemos lo que hemos decidido no perder. En el caso del arte de perder podemos decidir quiénes seremos. Nos quebramos, pero lo hacemos para poder abrirnos e incluir más de la vida, más del amor. Nos volvemos más grandes para poder llevar con nosotros lo que hemos decidido seguir amando.

La respiración

Si das a conocer lo que está dentro de ti,
lo que des a conocer te salvará.
Si no das a conocer lo que está dentro de ti,
lo que no des a conocer te destruirá.

ACTOS DE JUAN, ESCRITURAS GNÓSTICAS

LA RESPIRACIÓN NOS ABRE. Llena todos los espacios que están vacíos. La respiración es la piedra angular de todas las disciplinas relacionadas con el tratamiento del dolor y del estrés, y con la meditación y la sanación. Es la única actividad que siempre está a nuestra disposición, sin importar dónde estemos, cómo nos vistamos, ni lo que estemos haciendo. Es la actividad universal por excelencia, pues la practicamos independientemente de nuestro género, raza, situación económica o clase social. Es gratis y siempre está disponible. Quizás sea por eso que muchos de nosotros no nos damos cuenta del poder que tiene la respiración, no sólo para hacernos centrar la atención y despejar la mente sino para, literalmente, modificar nuestros pensamientos. Un amigo me aseguró que no debía dedicar ningún espacio del presente libro a la respiración porque todos sabemos respirar. ¿Es así de veras? ¿Sabemos utilizar este precioso recurso para reducir el dolor, físico o emocional, y para situarnos dentro de nuestros cuerpos y mentes en una forma que nos fortalezca y nos inspire?

Inspirar: inhalar. Inspiración. La vida comienza con nuestro primer aliento y termina con el último. El primer paso para aprender a usar los muchos dones de la respiración consiste en prestar atención a la inspiración y a la espiración. Concentre primero la atención en las fosas nasales. Sienta la suave caricia del aire al entrar por la nariz y el cambio de sensación cuando exhala, al expulsar el aire por la nariz. Mantenga la boca suavemente cerrada, sin apretar la mandíbula. Apoye ligeramente la lengua contra la parte trasera de los dientes.

Eso es todo; no hace falta más. Con la atención concentrada en las fosas nasales mientras inhala y exhala, permítase apreciar la respiración mediante la atención. Tome tiempo para reducir el ritmo de la respiración. Para llegar más hondo. Deje que el tórax se expanda con la inhalación y que se contraiga con la exhalación. Tan sólo eso. Si lo hace por cinco, o diez o veinte minutos, le ha dado un descanso a la mente. Ha introducido en el sistema más oxígeno, sustancia vital que necesitan todas las células del organismo. La espiración, que elimina el dióxido de carbono, limpia el sistema. Introducimos en el cuerpo lo que éste necesita; expulsamos lo que ya no es útil. Los seres humanos somos hologramas, es decir, lo que hacemos a nivel físico al aspirar y espirar tiene un efecto concomitante a nivel emocional.

Con la inhalación aportamos a nuestras células el oxígeno que las nutre. Al aspirar también atraemos lo que nos nutre emocionalmente: amor, paz, sabiduría, bienestar, fuerza. Al espirar expulsamos dióxido de carbono, un gas venenoso. No sólo expulsamos lo que ya no es útil, sino lo que quizás se ha vuelto tóxico: culpabilidad, vergüenza, responsabilidad, miedo, ira.

Al examinar nuestros hábitos de pensamiento en relación con la pérdida, al tratar de aclararnos cuáles son nuestras intenciones en el proceso del duelo, la respiración es el mayor de todos los aliados. Para detener el desfile interminable de pensamiento inconsciente, para volvernos adeptos en ser testigos de esos pensamientos de modo que podamos escoger los que nos ayuden a ser quien y como queremos ser, la respiración es la herramienta siempre presente de la conciencia.

Hay cientos de técnicas de respiración que utilizan los especialistas en tratamiento del dolor y el estrés y los expertos en meditación: hacer que la inhalación dure más tiempo que la exhalación, practicar la respiración rápida, la respiración hipnótica y la respiración como ejercicio. En el presente libro no pretendo enseñar ejercicios de respiración. Mi única intención es recordarle que todos poseemos la facultad, con sólo cerrar los ojos, de hacer una pausa en nuestros pensamientos. En nuestros sentimientos. En nuestros gritos. Sencillamente, deténgase. Respire, inhale. Cuando al fin exhale, se habrá desplazado un poco, aunque sea un cuarto de milímetro. Así dejará de ser víctima de su propia mente. Con una respiración, potencia su capacidad de elección. Vuelva a respirar, dos, tres veces. El antiguo adagio de "contar hasta diez" se basaba en la sabia idea de que diez respiraciones crean la oportunidad para que pase algo distinto. Para recuperar las riendas de la mente.

La elección es suya: puede deleitarse en la libertad, el don, el poder de simplemente respirar. Sin nada más que hacer. Sin pensamientos contra los que luchar. Simplemente sentir en la punta de la nariz el aire que entra y que sale. Y, cuando esté listo, concentrar su atención donde usted decida. Conscientemente.

La conciencia influye en cada célula del organismo.
Y cada una de ellas
influye a su vez en la conciencia.

PROVERBIO

Presencia simple—
Corazón abierto

¿Acaso habrá un lugar donde el pensamiento sea inútil?
El conocimiento no puede imaginarlo.

YUMEN, PATRIARCA ZEN

CADA UNO DE NOSOTROS anhela tener un momento de impresión en el que podamos sentirnos conectados con la fuente de la vida. El momento de un nacimiento, el abrazo del amor incondicional, la esencia de la pérdida, son experiencias que contienen este tipo de momentos. Estos momentos producen un cambio esencial en nosotros, nos transforman, al presenciar el nacimiento, abrazar el amor o sentir una pérdida. Pero nos protegemos y defendemos de estar plenamente presentes en esos momentos, porque hacerlo significaría estar abiertos no sólo a la vida sino a sus posibles pérdidas. Por eso ideamos complejas defensas no sólo contra la pérdida, sino contra el amor y otros actos de creación. ¿Qué habría que hacer para mantenernos presentes y abiertos ante el amor, en el acto de creación, o ante el desafío de la pérdida?

En primer lugar, para poder mantenernos abiertos debemos tener el deseo, la intención, el compromiso, de mantener presentes nuestros corazones y mentes. Quizás lo que impulsa el deseo de mantenernos presentes ante la pérdida es doble: la creencia de que algo se nos revelará mediante esta pérdida, y el sentido de que somos empujados hacia el presente por el amor que deseamos seguir teniendo por lo que hemos perdido. La creencia de que la pérdida tiene su significado sirve de contrapeso al sentimiento de traición que nos embarga. Si podemos mantenernos abiertos a la posibilidad de que la pérdida acontecida ha sido una experiencia necesaria para nosotros, y no un sufrimiento arbitrario, entonces no tiene que parecernos un castigo. Seguimos experimentando el dolor de la pérdida pero, junto con ésta, además del dolor, viene algo más. Algo que es distinto para cada uno de nosotros en cada momento. Nuestra responsabilidad ante la pérdida es mantenernos presentes, subsanar la ruptura en el receptáculo de nuestro ser para que podamos estar disponibles para la experiencia subsiguiente.

Creencia. Presencia. Apertura. Todas estas ideas están en nuestras mentes. Prestar atención, observar el desfile de pensamientos que pasan por nuestras mentes las veinticuatro horas del día, es el segundo recurso que necesitamos para honrar la intención de mantener abiertos nuestros corazones y presentes nuestras mentes ante la realidad de nuestra pena. Normalmente, no prestamos a nuestros pensamientos más atención que la que prestamos a los complejos procesos digestivos o respiratorios que ocurren en nuestros cuerpos. Pero los pensamientos dan lugar a sentimientos. El hecho de saber qué pensamientos pasan por nuestras mentes puede hacer que dejemos de sentirnos abrumados por el dolor de lo que hemos perdido y comencemos a *confiar* en que podremos entretejer esta pérdida en el tapiz de nuestras vidas. Comenzamos a desarrollar esta confianza al recordarnos que no es posible "perder" nada de nuestro pasado porque éste es parte íntegra de nosotros y, al serlo, seguirá siéndolo en el futuro. Comenzamos a cambiar de parecer en cuanto a lo que significa haber "perdido" algo precioso si somos observadores objetivos del desfile de nuestros pensamientos y si optamos por tener (solamente) pensamientos que nos mantengan abiertos y presentes. Cuando encontramos pensamientos que nos cierran e intensifican nuestro miedo o dolor, debemos ponerlos cuidadosamente a un lado. Podemos negarnos a ellos, y una forma de hacerlo es mediante la simple visualización de una señal de "Stop". Hay que detenerse. Nos puede facilitar la tarea el uso de una imagen que reafirme nuestra intención de mantenernos abiertos. A veces una simple imagen de amor o paz universales, una flor, un pájaro o un lugar sagrado, da inicio al proceso de cambiar nuestra atención.

El tercer aliado en nuestra nueva relación con la pérdida es la respiración. La simple inhalación y exhalación. Al centrar nuestra atención en la respiración, suceden muchas cosas. Cambiamos de parecer. Intencionalmente hacemos que nuestros pensamientos pasen de un objeto a otro. Hágalo. Preste atención a su aspiración. Fíjese simplemente en el aire que entra por su nariz a su cuerpo. Respire más despacio y más hondo. Fíjese en cómo esto le calma. En los momentos en que se sienta abrumado o simplemente confundido, preste atención a la respiración: contar hasta diez, prestando atención a cada aspiración, produce el efecto de aquietar la reacción del cuerpo y la mente. Nos da un momento para reorganizarnos, para repensar este instante. ¿Hacia dónde queremos dirigir nuestra atención? ¿Qué pensamientos queremos tener? ¿En qué encontraremos apoyo para nuestra intención de mantenernos abiertos, claros y presentes? Cuando sentimos dolor, en el cuerpo o en la mente, reaccionamos en forma automática aguantando la respiración, contrayendo los músculos, poniéndonos a la defensiva. Nuestra decisión de luchar contra el dolor, de resistirnos a él, en realidad hace que el dolor dure más tiempo. Si respiramos pensando que nos relajamos y suavizamos en torno al dolor, éste se calma.

La intención, la autoobservación y la respiración son las herramientas necesarias para conseguir la simple presencia ante una pérdida. Esto es válido por igual para los que rodean al afligido y para el propio "enlutado". A lo largo de los años, muchas veces se me han acercado amigos, familias y colegas que temen decir o hacer algo "equivocado". Es importante que tanto las personas que nos rodean como nosotros mismos mantengamos una actitud abierta y honesta con respecto a nuestra pérdida. En el momento en que vemos a alguien que enfrenta los desafíos de divorcio, muerte, enfermedad o traición como si se tratara de cosas que les pasan a "ellos" y no a nosotros, perdemos nuestra capacidad de estar abiertos y presentes. El obsequio que nos traemos a cada uno en estos momentos es este don de conexión. Normalmente no pensamos en la conexión cuando reflexionamos sobre el duelo y la pérdida; en lugar de ello, pensamos en soledad, separación y aislamiento. Pero lo cierto es que lo que está pasando hoy en las vidas de algunos pasará también, quizás mañana, en su propia vida. Quizás no de la misma forma, pero sí en forma similar.

Cuando fue asesinado el hijo de Bill Cosby, Ennis, el Sr. Cosby tuvo la "presencia" de extender su mano a otras familias que ese mismo día estuvieran pasando por la situación de que alguno de sus hijos hubiera sido asesinado. Bill Cosby no estaba solo. Asimismo, cuando comparto simplemente con un amigo, cliente o colega que esté lidiando con una pérdida financiera o de salud, ¿puedo atreverme a pensar que esta lucha es "suya" y no mía?

Hace algún tiempo me invitaron a hablar ante un grupo de padres afligidos. Antes de empezar el seminario, un hombre se puso de pie y me preguntó si algún hijo mío había muerto y, en caso negativo, ¿qué derecho tenía yo a estar al frente de este grupo? Después de más de una década de compartir con familias que trataban de asimilar la muerte de un hijo, pude responderle honestamente a este hombre: "¡Cuando muere un hijo suyo, muere un hijo mío! Al compartir con ustedes con el corazón abierto, sacrifico mi inocencia, mi arrogancia de pensar que estoy más segura que ustedes". Nos arriesgamos en todo momento. El único error que puedo cometer al estar con un amigo o familiar en duelo es separarme de ellos. El único error consiste en tratar de tocar su dolor con mi mente en lugar de hacerlo con el corazón. Nos mantiene aislados el miedo al contagio, el temor a acercarnos demasiado a la pena y contagiarnos.

La sabiduría que nos enseña que todos hemos estado expuestos a la pérdida desde el momento de nuestro nacimiento nos mantiene conectados unos con otros. Diga lo que tiene en su corazón, y si no tiene palabras, confíe en el silencio. Haga lo que está en su corazón, y si no hay nada que hacer, no haga nada, pero mantenga el corazón abierto.

Trabajo con las sombras

Todos somos vulnerables a lo inexplorado.

TALMUD

Cuando veíamos a Peter Pan enfrentándose a su sombra (tratando de encontrarla, de guardarla, de "atarla" a él), ¿podríamos habernos imaginado que la sombra tiene poderosas implicaciones psicológicas? Quizás notáramos que Peter Pan se veía distinto cada vez que lograba atar firmemente su sombra. Seguía siendo estupendo y encantador pero estaba un poco más atenuado y no era tan egocéntrico ni irresponsable. Era, digamos... ¿un poco más maduro?

La sombra depende de la luz, sea la luz del sol, la luz de la creación o la luz del amor. Es imposible separarlas, por mucho que tratemos. La luz y la sombra forman una unidad. De modo similar, a nivel emocional, lo que está contenido en la sombra es necesario para que volvamos a ser íntegros. No podemos simplemente pasar inadvertidos junto a ella y esperar que todo salga bien. Después de todo, ¡Peter Pan se moría poco a poco si no tenía su sombra!

Como él mismo podría decirnos, la sombra es algo vago, escurridizo y difícil de retener. No sólo contiene partes de nosotros que son indispensables para alcanzar la integridad (y, por lo tanto, para alcanzar la sanación), sino que contiene una energía inmensa. Lo que no queremos saber, lo que luchamos por evitar, resistir, negar y repudiar cobra una fuerza desproporcionada. El inconsciente, donde reside la sombra, es como el témpano de hielo bajo la superficie del océano, en contraste con el consciente, que es la punta del témpano, o sea, lo que podemos ver. Recordemos que lo que estaba oculto bajo la superficie fue lo que en pocos minutos hundió al *Titanic,* que se consideraba imposible de hundir.

Lo que está oculto en las sombras se nos antoja imponente, amenazante y siniestro. Cuando encendemos la luz muchas veces respiramos aliviados al descubrir que sólo se trataba de un viejo sombrero o de un abrigo puesto apresuradamente sobre el pilar de la cama. A veces, cuando encendemos la luz, nos emociona encontrar en la sombra algún objeto que creíamos perdido o, lo que es peor, robado.

Oculto en la sombra de la pérdida está el poder del amor que seguimos teniendo por la persona, lugar o momento que tememos haber perdido. Yo me había preparado durante toda mi vida para cuando mi padre falleciera y, cuando esto ocurrió, me sobrevino una increíble tranquilidad. En el vacío de la pérdida, me envolvieron una calma y una paz que sólo había conocido en la meditación profunda con la oración. La voz del otro lado del teléfono, a las 5:20 a.m., me dijo quedamente que mi padre había fallecido. Se había extinguido la luz de mi vida. Permanecí en la oscuridad, oyendo las últimas palabras que me había dicho: "Te he amado más que a la propia vida."

La vida no fue bondadosa con mi padre. Aunque mis hermanos y yo fuimos criados en una vida de relativa holgura económica, mi padre era jornalero. Condujo por 30 años un camión de entregas, en la noche, fuese con un terrible frío de invierno o con un fastidioso calor de verano. Pasó solo y enfermo todos los años de su jubilación. Efectivamente, su amor por mí había sido mayor que su amor por la vida y, para mí, él lo fue todo. Fue madre, padre, hermana, hermano, abuelo, toda la familia. Como era constante e incondicional en su amor, yo lo necesitaba como el aire o el agua. Cuando me preguntó si estaba preparada para su muerte, le aseguré que todo estaba bien. El corazón me latía alocadamente. ¿Qué estaba diciendo? Entonces recordé que quería ayudarlo para que se fuera en paz.

Murió seis semanas después. Mientras me preparaba para viajar a Nueva York para asistir a su funeral y luego a Filadelfia para guardar shivá, siempre seguí rodeada de aquella calma ultramundana. Era como si estuviera esperando algo. Y entonces algo cayó en el agujero abierto que había quedado en mi corazón, en el espacio que durante 44 años había ocupado mi padre. Todo el amor, respeto, apreciación y admiración que había dado a este increíble hombre (este hombre sencillo y común) empezaron a volver a mí. Mientras surcaba el cielo en un avión, imaginando que nuestros senderos podrían cruzarse (!), sentí como si sus cuentas bancarias emocionales se estuvieran vaciando. Ya él no necesitaba nada. Todos los depósitos que habíamos hecho, más intereses, venían a parar a mí como beneficiaria. Todo el amor, el honor y el respeto que le había dado volvían a mí. Nunca se me había ocurrido una idea así, ni tampoco había leído ni oído decir nada semejante. No obstante, me estaba pasando, y me colmaba en ese lugar que de otro modo siempre habría quedado lleno de dolor de la pérdida.

Ése fue el comienzo de mi aprendizaje sobre la sombra del duelo y la pérdida. Esa experiencia, que ha seguido definiéndome al encontrarme frente a muchas pérdidas posteriores, me enseñó que debemos estar abiertos y presentes frente a la pena y permitir que el vacío simplemente exista. La pérdida es real. Pero existe también la posibilidad de experimentar algo más, existe la posibilidad incipiente de recibir de vuelta todo lo que hemos invertido en esa amistad, ese amor, empleo, matrimonio, hogar o hijo.

Aprendí que la pena del duelo se debe también a no tener un lugar donde colocar el amor, la creatividad y la pasión que hemos entregado a nuestro ser querido. En la sombra de la pérdida se oculta el poder, la pura energía física, de crear algo a partir de ese amor. ¡El Antiguo Testamento nos dice que la vida de una persona no comienza hasta *después* de su muerte! ¿Cómo puede ser eso? Porque, durante nuestras vidas, el efecto que tenemos en la vida es resultado de nuestra presencia física. Pero, después de morir, si se sigue experimentando nuestra existencia, ¡hemos alcanzado la vida eterna!

Cuando la poetisa Stacey Levitt murió a los 18 años al ser atropellada por un automóvil después de salir una noche a practicar el jogging, su familia recibió un golpe abrumador. Como su padre, su madre y sus hermanas la querían tanto, tomaron su pluma. Su familia escribió poesía por ella y para ella, y llegaron incluso a publicar sus poemas. En uno de sus propios poemas, Stacey nos cuenta lo siguiente:

Encuentro con la muerte

El otro día vi a la muerte
tuve un encuentro con ella a las 9:00,
en su oficina del centro de la ciudad.
Yo necesitaba hacer algunas preguntas.
Esperaba ver una sombra oscura
con dientes y garras afilados.
Pero,
cuando llegué me recibió una bondadosa
anciana. Me sonrió y me llevó a su oficina.
Era como si pudiera leer mis pensamientos
porque enseguida dijo,
Así que quieres saber sobre "el otro lado".
Sí, respondí, por favor cuénteme.
Escuché atentamente.
Pues, no es lo que parece,
como quizás ya te has dado cuenta,
dijo con calma.
La muerte no es algo maligno, lleno de demonios,
ni algo benigno
lleno de ángeles.
Soy simplemente yo
que te recibo
para que puedas pelear en una nueva vida
parecido a como haces ahora.
Entonces sonreí y dije,
La muerte no es tan mala después de todo.
¿Qué tiene de malo morir?
El mayor miedo de todos es la muerte,
pero yo ya no pienso así.
Ahora puedo vivir mi vida en libertad,
libre del miedo a la muerte.
Supongo que enfrentarte

a tus temores
y hablar de ellos
vale realmente la pena
Cuando me levanté para irme, dije,
Gracias, Sra. Muerte,
y lo siento, pero no puedo quedarme más tiempo.
Ya no tengo cita
con la culpabilidad.

Stacey tenía doce años cuando escribió este poema. ¿Era clarividente? ¿Había tenido un atisbo de su muerte temprana? El hecho de que hoy podamos participar en la vida de Stacey a través de su poesía nos indica que sus padres se atrevieron a adentrarse en las tinieblas de su pérdida hasta encontrar el oro que representaba la vida de Stacey. Su vida la trascendió. Al hacer el esfuerzo de traer a nosotros la poesía de Stacey, su familia ha transformado esas tinieblas en luz y ha participado en la sanación de ellos mismos y del mundo entero.

El proceso del duelo puede ser una de las experiencias más difíciles y gratificantes que jamás encontraremos. La pérdida representa un desafío a todas nuestras creencias, a las que nos aferramos firmemente, de que si simplemente no pensamos en "eso", "eso" no sucederá. El resultado inevitable, e incluso quizás previsto, es que cuando "eso" (lo impensable) sucede al fin, nos damos permiso a nosotros mismos y a los que nos rodean para desplomarnos ante nuestra incredulidad. Al "desmembrarnos", nos separamos de nosotros mismos y de otros. Juntos, podemos reconocer la realidad de que hay fuerzas que operan más allá de nuestro control. Juntos, honramos la vulnerabilidad que cada uno de nosotros lleva consigo, independientemente de si es pobre o rico, bello o pavoroso, encantador o inadaptado. Juntos, todos convergemos en un lugar denominado duelo. Y ese duelo, si se practica sinceramente, nos conecta a todos a la naturaleza misma de la vida. La vida es pérdida y la pérdida es la sombra de la vida.

Cuando proyectamos luz sobre las sombras, éstas desaparecen y podemos ver lo que ha acechado en ellas: nuestra ira, que enmascara nuestro miedo al caos y a lo desconocido; nuestra pereza, que nos impide hacernos responsables de nuestra conducta; nuestra tendencia a los excesos, que nos hace aferrarnos a "la manera en que todo debía ser". Incluso las partes de nosotros que son más heterogéneas en nuestros sentimientos de sufrimiento y pérdida insisten: "Me he ganado esta desgracia y nadie me la va a quitar."

Desde las sombras del inconsciente, el derrumbe en torno al dolor es lo que los psicólogos denominarían "ganancia secundaria". Se nos permite, e incluso se espera de nosotros, que perdamos el control, que nos entreguemos a nuestros resentimientos y excesos emocionales. No tenemos que mantener la compostura. Nuestras emociones tienen carta blanca y no hay ninguna expectativa que cumplir. No obstante, el peligro de permanecer en la sombra es que uno puede caer demasiado bajo en alguna de esas trampas. El peligro es que, para demostrar nuestro amor tengamos que responder a las expectativas que otros tienen de nosotros. Si no estamos "enloquecidos" con la pena, ¿será que no amamos? Por eso terminamos por alimentar a la sombra en lugar de alimentarnos a nosotros mismos. El dolor mismo nos valida. Nuestro sufrimiento hace de la pérdida una tragedia y, a nivel individual y de cultura, el drama de esa tragedia nos resulta seductor. Acogemos con los brazos abiertos cualquier cosa que perpetúe ese drama (ira, responsabilidad, culpabilidad). Lo que no nos permitimos acoger con los brazos abiertos es la posibilidad de que, si no estamos tan expresamente concentrados en las tragedias de la pérdida, podríamos acceder accidentalmente a la enseñanza, la sabiduría, la iniciación en el misterio de la vida que puede representar la pérdida.

Einstein nos ofreció una de las claves para descifrar ese misterio al enseñarnos que la energía nunca se destruye. Simplemente cambia de forma. Como cada objeto sobre la faz de la tierra está formado por algún tipo de energía, esto significa que nada puede ser destruido. Quizás el desafío frente a la sombra del duelo sería el de mantenerse firme frente a la avalancha de lo que podrían ser abrumadoras fuerzas de destrucción y encontrar en ellas las fuerzas de creación. ¿Qué nueva forma ha asumido esta energía? ¿Cómo puedo expresar ahora mi amor? El desafío más grande a nuestra pena podría ser el de recrearnos, o sea, volver a crearnos, ante la muerte de aquél que ya hemos dejado de ser.

Imagine

Unas piedras nos hacen tropezar y otras nos
sirven de peldaños;
la única diferencia está en cómo las usamos.

El renombrado psicólogo Carl Jung dijo que la sanación radica en el reino de "lo imaginal". ¿Dónde está exactamente el reino de lo imaginal? Lo imaginal radica en lo que vemos con nuestra imaginación, la visión de la mente. Casi todos nos hemos criado en una cultura en la que se ha subvalorado grandemente la imaginación. Si uno quiere invalidar los sentimientos de un amigo, basta con decirle que lo que está sintiendo es sólo "su imaginación" o que sus temores "están en su mente". Pero nuestras mentes son todo lo que tenemos. La imaginación es lo que permite que un ciego vea; es donde nacen los sueños, donde comienza la sanación. La sanación, el acto de valernos de nuestros recuerdos para volver a la integridad después de haber sido desmembrados, comienza como un pensamiento, una idea, una imagen que tenemos en la mente.

¿Cuáles son las imágenes que hemos vinculado con la pérdida? El vacío. El abismo. Un agujero negro. Son imágenes que he oído describir miles de veces. Cuando empecé a andar con otros en su duelo, tuvimos que crear nuevas imágenes para la pena y la pérdida. Buscamos imágenes que contuvieran en forma amorosa el proceso del duelo, que no lo menoscabaran ni lo desacreditaran. Una de las primeras imágenes que se me presentó fue la del dolor como paisaje, como un país que estuviéramos visitando: a veces la visita es voluntaria y a veces somos lanzados por el mar a sus orillas, nos convertimos en extraños en una tierra extraña. Debemos aprender sus costumbres, su idioma y sus senderos.

El dolor es el terreno que pisamos. ¿Podemos imaginarnos este terreno verde en lugar de negro? El *Libro chino de los cambios* nos dice que el bosque cobra más verdor después de un incendio. ¿Podemos mantener esa imagen en nuestras mentes? Sí, hay partes de nosotros que vociferan y gritan ante lo que parecen ser pusilánimes intentos de hacer que esta horrible pérdida sea aceptable. Pero, ¿podemos siquiera permitirnos tener el pensamiento, la imagen, la posibilidad de un nuevo crecimiento? La doctora y escritora Rachel Naomi Remen dice que el vacío creado por una pérdida puede verse como un regalo sin abrir. Nuestras mentes se rebelan: "¿Un regalo, esto? ¡Pero si es un horror!" Así es. Pero, ¿será posible considerar que también puede contener algo misterioso?

Mis amigos se mofan de mí por mi enorme capacidad de racionalizarlo todo. Mi respuesta a eso es que se supone que somos seres racionales. ¿Por qué no usar nuestra superioridad evolutiva? No creo que tengamos la facultad de cambiar lo que ha sucedido. Pero sí tenemos la facultad de cambiar nuestra manera de pensar y de ver e imaginar lo que ha sucedido. No se trata de una forma de no reconocer la realidad. La sanación en el reino de lo imaginal significa mirar las imágenes que tenemos en las mentes; escuchar los pensamientos que nos obsesionan; oír las palabras que salen de nuestras bocas, y adoptar una decisión consciente de tener pensamientos, idear imágenes y decir palabras que nos devuelvan a la integridad.

Cuando hablamos del dolor como un paisaje, siempre me imagino la tierra de Narnia, de la obra de C. S. Lewis *"Las crónicas de Narnia"*. En el primer volumen del libro, *"El león, la bruja y el armario"*, Lucy se esconde en un viejo armario que se encuentra en una habitación desde hace tiempo abandonada en la casa de su tío. Mientras espera a que uno de sus hermanos la encuentre, se adentra más y más hacia el fondo del armario. De repente se da cuenta de que tiene hojas y ramitas bajo sus pies. La tierra está helada: hay un farol y una criatura mítica. Así empieza un viaje increíble. En Narnia hay sitios cálidos y cómodos y sitios fríos e inhóspitos. Los habitantes no son homogéneamente buenos ni malos: viven en una realidad completamente distinta a la nuestra. Así es también la pena. No es completamente mala ni buena. A veces el camino está despejado y a veces está plagado de peligros. Igual que la pena. Una imagen encantada, aunque no necesariamente encantadora.

El paisaje del dolor también se asemeja a Alicia, cuando cae por la madriguera. En un momento Alicia está dormitando en el jardín y en el momento siguiente está cayendo infinitamente hacia un mundo en el que todo es distinto. ¿Quién es? ¿Qué es? ¿Dónde está? Al final, después de muchas adversidades y tribulaciones, Alicia despierta. Pero nunca volverá a ver las cosas exactamente de la misma manera. La pena también es así.

En su libro *Paula,* la escritora Isabel Allende nos relata cómo se sentaba junto a la cabecera de su hija Paula, quien estuvo en coma por un año antes de morir. La madre de Isabel le dice: "Estás pasando por un túnel largo y oscuro, pero tienes que creer que hay una luz al final del túnel. Tienes que creerlo porque te lo digo yo. Saldrás por el otro extremo". ¿Quién será uno cuando salga por el otro extremo? ¿Qué será? Todo está en su mente, en su disposición a imaginarlo.

¿Puede imaginar la posibilidad de recuperarse de una pérdida de tal manera que el mismo proceso de sanación dé vida a lo que se había perdido? Para que no haya pérdida, sino sólo cambio.

El sinnúmero de pensamientos que desfilan por nuestras mentes y el torrente de palabras que salen de nuestras bocas nos alimentan la imaginación. Si nuestros pensamientos y palabras se derivaran exclusivamente de un solo "grupo básico de alimentos", estaríamos desnutridos. Si sólo nos alimentamos de pensamientos de devastación y dolor y sufrimiento, sin abrirnos a los espacios de respiro entre ellos, seguiremos estando desmembrados.

Hay que hacer un esfuerzo y actuar conscientemente para mantener una dieta balanceada. Tenemos que comprar los alimentos necesarios para ello y tomarnos el tiempo requerido para preparar una comida de verdad. Nuestros pensamientos son la preparación que viene antes de los alimentos en que se convierten nuestras palabras. Los pensamientos que dejamos entrar en nuestras mentes y las palabras que salen de nuestras bocas tienen el efecto de nutrirnos o desnutrirnos. Bien sabemos que de vez en cuando todos necesitamos comida chatarra, por lo que debemos proceder compasivamente con las ocasiones en que nos desplomamos sin recursos; cuando nos agota el esfuerzo de la simple presencia, cuando nos permitimos a nosotros mismos desmembrarnos —pero sin llegar al punto de perder de vista nuestra responsabilidad para con nuestra integridad.

En lugar de centrar nuestra atención en la pregunta personal "¿por qué yo?", hagamos una pregunta más importante: "¿Por qué?" Al pedir la enseñanza, oramos por la sabiduría, el valor y la fuerza que necesitamos para convivir con lo que es real en lugar de desear lo que no lo es. En la pérdida se nos pide que aprendamos a estar en una relación con un ser invisible. Tenemos que abrir nuestras mentes y nuestra imaginación y luego desear que la relación con lo imaginal se desarrolle. Cuando alguien le preguntó a una anciana amiga mía porque seguía hablando con su esposo después de su muerte, mi amiga respondió: "Llevo 57 años hablando con Herbie. ¡Se enojaría conmigo si dejara de hablarle simplemente porque murió!" En otro caso, un cliente me contó cómo, después de haber fallecido su madre, él buscaba automáticamente el teléfono cada día como si fuera a hacerle su llamada diaria de siempre. "¿Por qué parar?", se preguntaba a sí mismo mientras se imaginaba el discador rápido de su teléfono marcando el número de su madre. ¿Puede imaginarse esto?

A veces queremos sentarnos y escribir una carta a alguien o a algo que estamos extrañando. Escribir cartas —cartas que tal vez sólo escribamos y enviemos en nuestra imaginación o que literalmente escribimos y mandamos a algún departamento "de cartas para los muertos"— puede ser un ejercicio no sólo de creatividad, sino también de sanación de los vacíos que van quedando en nuestras vidas, especialmente si nos permitimos imaginar las respuestas que recibiríamos de los destinatarios.

Las fechas especiales —cumpleaños, aniversarios, días festivos— claman por nuestra atención. Hace unos años, después de la muerte de mi padre, le compré en una ocasión una tarjeta por el Día del

Padre y ahora, cada vez que llega esa fecha, la colocó sobre mi escritorio. Sigue siendo el Día del Padre y, después de todo, él sigue siendo mi padre. Mi amiga Marsha me llamó en una ocasión para contarme que había visto un bello libro sobre héroes del deporte que le hubiera encantado a su hijo Joel, ya fallecido, y que de todas formas lo había comprado, tanto para él, como para ella misma y para compartirlo también con su nuevo yerno. Me resultó inspiradora su disposición a trascender el vacío que había dejado Joel y alcanzar el lugar donde Joel sigue estando presente. No un lugar abstracto, sino en la propia vida de Marsha y en las vidas de quienes habían conocido a Joel.

El año pasado, en la fecha del aniversario de mi padre, decidí salir a caminar con él por la ciudad. Me había mudado a San Clemente poco antes de su fallecimiento y él nunca había llegado a visitar este bello pueblo. Lo llevé a todos mis sitios favoritos: a probar la sopa de la pequeña fonda donde me gusta almorzar, a "conocer" a mis personas favoritas. Tal parecía que tenía un relato perfecto sobre mi padre para compartir con cada una de las personas con que me encontré ese día; también me di cuenta de lo felices que estaban todos de compartir conmigo y con la presencia invisible de mi padre. Muchas veces tenían algo que contar o preguntas que hacer. Ese día fue un regalo que me hice a mí misma.

Una mañana recibí una llamada de una señora cuyo esposo había fallecido hacía casi un año. Era consejera y estaba comenzando un grupo de apoyo para viudas. ¿Qué hacer con los sentimientos sexuales?, preguntó. Aunque todavía no se sentía preparada para tener un encuentro con otro hombre, sí anhelaba ser abrazada. Durante nuestra conversación sobre el sentimiento de pérdida que la embargaba cada mañana al despertar sola, sin sentir el abrazo de su esposo, empezó a preguntarse lo que pasaría si se imaginara la presencia física de su esposo y su amoroso abrazo. ¿Encontraría reconfortante de algún modo usar los recuerdos de sus sentidos (tacto, olfato, gusto)? Al sentir la ausencia de su esposo, ¿podría entonces imaginarse su presencia? Unas semanas después, recibí en mi contestador automático un escueto mensaje de ella: "Está dando resultado".

A veces necesitamos una "imagen centradora" a la que podamos recurrir cada vez que nos sintamos vulnerables a las fuerzas de la pérdida. Se trata de una imagen que podamos colocar en nuestra pantalla mental y que inmediatamente nos suavice el corazón y la mente y nos haga sonreír. Esta imagen puede ser el recuerdo de un momento especial o de un lugar que hayamos visitado. Puede ser un símbolo religioso que traiga consigo una sensación de serenidad, o puede ser el rostro de un ser querido. Sería una imagen que haga suavice la callosidad que rodea al dolor y que traiga consigo una sensación de paz. Esta imagen nos devuelve a nuestro centro emocional, un lugar de equilibrio donde podamos recargar nuestras baterías al conectarnos con una fuente sanadora. Cuando se interpongan otras imágenes, imágenes que dislocan nuestro sentido de integridad, podemos sustituirlas tranquilamente con nuestra imagen de sanación. A esto era a lo que se refería Jung cuando dijo que la sanación reside en lo imaginal. La sanación reside en las imágenes con las que decidimos convivir.

La rendición

Cuando mueren en la lengua las palabras viejas,
del corazón brotan nuevas melodías.

RABINDRANATH TAGORE

Los horticultores y agricultores saben que los terrenos fértiles producen un crecimiento vigoroso y que esto se debe a que el terreno ha recibido la atención adecuada en los ciclos iniciales de la temporada de siembra. De modo similar, el terreno de nuestro propio ser debe prepararse de forma que seamos capaces de aprender y crecer aunque suframos pérdidas en nuestras vidas. Si el terreno en el que deseamos sembrar no lo hemos limpiado antes de piedras, si no ha sido arado, si no lo enriquecemos con nutrientes, no obtendremos la mejor cosecha posible.

Nuestra premura en juzgar, nuestra adicción a las comparaciones y nuestra obsesión de entender las cosas son tal vez condiciones de pensamiento que no producen un suelo fértil para el crecimiento. Para aprender, necesitamos tener una mente abierta y receptiva. Necesitamos un terreno limpio de las piedras que constituirían los juicios moralizantes. "Aquél que esté libre de pecado, que tire la primera piedra". Cuando juzgamos a una persona o acontecimiento, cuando lanzamos nuestras piedras para emitir juicios, destruimos la cosecha incluso antes de sembrarla. Cuando vemos las experiencias de pérdida como cosas que no debían haber sucedido, como si pudieran haberse evitado, o como si fueran una gran injusticia humana, se nos endurecen las mentes y los corazones. Nos volvemos pedregosos y duros, adjetivos que sugieren un sendero difícil de andar, para no hablar ya de un campo que se pueda labrar.

Si a nuestra premura en juzgar añadimos la necesidad obsesiva de entender, hacemos que sea casi imposible mantenernos abiertos a la perspectiva de sembrar las semillas en el terreno de la pérdida. Hay acontecimientos que no se pueden comprender, ni ahora ni nunca. A veces, si nos mantenemos presentes y abiertos, la comprensión llega por sí sola. El hecho de entender una experiencia nos da una perspectiva particular. Ni estamos por encima ni somos más grandes que ella. Ni estamos junto a ella ni somos sus iguales. Estamos debajo de ella. Quizás el concepto de "entender" significa que el aprendizaje llega cuando nos entregamos, cuando dejamos ir nuestra necesidad, nuestros juicios, nuestro hábito de comparar y nuestra necesidad de comprender.

No sirve de nada comparar una pérdida con otra, por ejemplo, decir que el dolor experimentado por una persona que no ha sido aceptada como estudiante de medicina es inferior al de una persona que acaba de recibir un diagnóstico de cáncer. Al hacerlo, privamos a una de la posibilidad de experimentar debidamente su pérdida y hacemos que la otra se sienta aislada de su verdad personal, al utilizar su caso como rasero para juzgar el dolor de otros. Las comparaciones hacen que nos convirtamos en contenedores inalterables de dolor. Cuando comparamos una pérdida con otra, separamos a las personas que son merecedoras del luto de las que no lo son. Quedamos aislados unos de otros en nuestras posiciones comparativas, lo que nos imposibilita extraer recursos de la reserva común de la aflicción.

En las filas de los enlutados no existe la competencia ni existen élites. Muchas veces he compartido con personas que han sufrido heridas. De unas se ha dicho que su pérdida no es suficiente para justificar su pena y de otras se ha dicho que ésas sí han sufrido. Se ha convenido en que la pérdida de estas últimas ha sido "la peor". ¿Debe reconfortarles esto? Recuerdo una ocasión en mi despacho en que, mientras despedía a una mujer que había perdido su hijo en un accidente automovilístico, entró un hombre que había estado al borde de la bancarrota debido al embaucamiento de un familiar suyo. El hombre, abrumado por el dolor y el miedo, dijo: "Sería más fácil si hubiera perdido un hijo... ¡al menos así podría estar de luto!"

No nos corresponde ni juzgarlo ni amonestarlo, horrorizados por sus palabras, como tampoco nos corresponde decirle a una niña que ha perdido a su perro atropellado por un carro que su dolor no es tan malo como el de un niño aquejado prematuramente por la artritis. El dolor que cada uno conoce y lleva consigo al sufrir una pérdida tiene su propia integridad, que no se debe poner en juego con juicios, comparaciones ni necesidad de entender. Es lo que es. Lo que luego será depende de las condiciones del suelo en que ha sido sembrado. No se nos pide que busquemos, comparemos ni entendamos la pena. Sólo se nos pide que estemos dispuestos a llevarla en nuestros corazones.

Hay dolores imposibles de contener en la mente,
pues sólo caben en el corazón.

STEPHEN LEVINE

Estado de testigo

Aunque un agujero es algo inmaterial,
es posible desnucarse en él.

AUSTIN O'MALLEY

La intención es la capacidad de decidir lo que deseamos lograr y de disponerse a alcanzar esa meta. Usamos el poder de la intención en los negocios, la política y la educación. ¿Podríamos usarlo para sanar nuestro dolor?

Cuando nos hacemos la intención de sanar, hacemos un compromiso de asumir el cien por ciento de la responsabilidad por nuestros pensamientos. No es que "tratemos" de escuchar nuestros pensamientos, ni que "tengamos la esperanza" de escucharlos, ni que "deseemos" escucharlos, sino que sencillamente lo hacemos. Incluso cuando no logramos escucharlos, estamos de todas formas realizando ese proceso. La única diferencia es que momentáneamente no está dando resultado. ¿Cómo podemos entonces escoger pensamientos que nos mantengan abiertos al desdoblamiento de nuestras experiencias y a la transformación que pudiera encontrarse en su esencia? Lo podemos hacer si "definimos nuestra intención".

Hay un estado de conciencia que denominamos "estado de testigo". En el estado de testigo, o conciencia objetiva, comenzamos a escuchar el desfile de nuestros pensamientos. Definimos nuestra intención. Vemos los pensamientos pasar como si estuviéramos observando un desfile. No nos hacemos un juicio crítico acerca de lo que estamos pensando; simplemente nos volvemos adeptos a observar nuestros pensamientos. Estamos escuchando a hurtadillas la conversación que tiene lugar en nuestras mentes. Al cabo de un rato empezamos a reconocer ciertos pensamientos que promueven una sensación de bienestar y otros que nos tuercen y hacen que se intensifiquen los sentimientos de angustia. ¿Deseamos la angustia? A veces la respuesta a esta pregunta es afirmativa. ¿Podemos protegernos de la posibilidad de perdernos en la angustia? ¿Podemos conseguir un salvavidas que nos permita salir de ella antes de ahogarnos? ¿De qué manera el hecho de que escojamos la angustia contribuye a que logremos realizar nuestra intención?

Estado de testigo

Dos años y medio después del fallecimiento de mi padre, mi esposo y yo hicimos un viaje a Hawaii. Mientras aterrizábamos, me sentí embargada por una ola de sentimientos por la pérdida de mi padre, como nunca antes lo había sentido. Lo único que alcanzaba a sentir era el carácter tan definitivo de su ausencia. Me sorprendió lo intenso y lo inesperado de estos sentimientos. Se lo conté a Bill de inmediato y salimos de la terminal a caminar un rato. En la cálida y suave lluvia me fue más fácil llorar, estar presente para lo que honestamente estaba sintiendo. El sentimiento pasó por mí en poco tiempo. No exigía ni más ni menos que una atención honesta a lo que estaba presente.

¿Qué debemos hacer para mantenernos vigilantes en momentos de pérdida, para no dejarnos seducir por nuestro propio drama, nuestras propias lágrimas? Uno de los peligros del duelo es la posibilidad de la contaminación cruzada. Contaminamos la honestidad de la pérdida de un momento con cualquier otra pérdida que aún no hemos integrado y reconocido. Cuando una pérdida se entremezcla con otra, nuestro dolor puede adquirir cierto grado de ambigüedad. Nos perdemos en un océano de dolor en lugar de navegar más tranquilamente por la ensenada de una pérdida específica.

El dolor de la pérdida puede ser abrumador. Cuando sentimos dolor, todo en nuestro ser desea cerrarse. En ese proceso, solemos dejar fuera precisamente lo que necesitamos. Nos encerramos con nuestro propio dolor como si tuviéramos a un intruso en casa y, al cerrar las puertas y trancar las ventanas, nos encerráramos dentro con el enemigo. Pero, ¿es el dolor "el enemigo" o está ahí simplemente para recordarnos que corremos algún tipo de peligro? El dolor es un mecanismo biológico de retroalimentación. Es un don de la evolución que nos permite saber que algo anda mal y que debemos determinar qué es, con la mayor precisión posible. Si sentimos un dolor en un costado y creemos que fue causado por un golpe, cuando en realidad se trata de una apendicitis, ¡menudo problema que tendríamos!

Penetrar en los orígenes de nuestro dolor relacionado con una pérdida requiere un alto grado de atención e intención. No queremos simplemente deshacernos del dolor mediante una anestesia física o emocional hasta que estemos cara a cara con lo que ese dolor necesita decirnos. Al honrar la presencia del dolor, al reconocer su idoneidad, al estar dispuestos a encararlo, le prestamos atención en una manera que nos permite empezar a establecer una relación con él. "¡¿Cómo?!", preguntará usted. "¿Mantener una relación con el dolor?" Por descabellado que parezca, el dolor es uno de los senderos que lleva a lo sagrado.

Lo sagrado es la santidad, o sea, la integridad. El dolor y el amor no son dos caras de la misma moneda, sino que son una misma moneda. Amar es arriesgarse a sentir dolor, es invitar al dolor a que entre en nuestras vidas. La palabra pasión viene de "sufrir" en latín. Cuando sentimos pasión en mayor grado, sea en relación con una persona o con una idea, sufrimos la pérdida de nosotros mismos en esa persona. Y cuando ésta nos deja, nos sentimos desconsolados.

La alternativa a elegir la angustia consiste en permitirnos estar abiertos al dolor que, de hecho, honra al amor. Hay una diferencia entre mantenerse abierto al dolor y desplomarse ante el dolor. Por eso es que debemos prestarnos atención a nosotros mismos y a nuestra intención. ¿Qué pretendemos hacer con este dolor? ¿Cómo recibiremos esta pérdida? De nosotros depende determinar si nos perdemos a nosotros mismos en la pérdida o si la usamos como sendero que nos lleve a una sabiduría más honda. Si la esencia misma de la vida es la pérdida, eso quiere decir que ésta nos lleva a la esencia de la vida. La primera mitad de una oración ya se ha perdido desde que estamos diciendo la segunda mitad. Cada minuto, al pasar, se pierde. Muchas de nuestras células están muriendo en este mismo momento. El maestro budista Thich Nhat Hanh expresa esta idea diciendo que la rosa terminará por convertirse en basura y que la basura terminará por convertirse en rosa.

¡La ignorancia no es felicidad! Si estamos pensando algo y no lo sabemos, esto nos puede lastimar. El primer paso en la sanación consiste en prestar atención a lo que nos empuja hacia un lado u otro. En los momentos en que no estamos solos y tampoco estamos interactuando activamente con nadie (por ejemplo, cuando viajamos de un lugar a otro, mientras esperamos en una cola en el banco, o mientras alguien nos pone en espera al teléfono, o mientras practicamos tranquilamente la contemplación en la playa o en un bosque o en la casa) intente prestar atención a los pensamientos que desfilan por su mente. Fíjese en los pensamientos que son sanadores y sustentadores. Fíjese en los que le causan dolor, dudas y miedo. Arranque suavemente de raíz los pensamientos que no le conducirán a donde usted quiere ir. Arránquelos como si fueran malas hierbas en su jardín. Arránquelos, sin juicio, ira ni resentimiento, porque no le convienen y porque su intención es sanar.

Por ejemplo, si me descubro pensando que nunca más veré a mi padre y me embarga una profunda tristeza, le presto atención a lo que viene después. Si sigo profundizando en la pérdida de una forma que me hace sufrir más y más, respiro profundamente. Reconozco la ausencia que su muerte significa para mí. Pero reconozco también las muchas formas en que sigo sintiéndolo, oyéndolo, viéndolo. En uno de esos momentos, me di cuenta de que, si bien mi padre había fallecido hacía ya cuatro años, mi amor por él siguió creciendo durante ese tiempo. Cada día de mi vida el amor que siento por mi padre se ha hecho mayor, sin que su ausencia física represente un obstáculo. ¡Me encanta ese pensamiento! Nunca nadie me había dicho que el "crecimiento" del amor que sentimos por una persona no depende de que ésta se encuentre viva. Nunca hubiera llegado a ese pensamiento si hubiera seguido hundiéndome más y más en mi sufrimiento por su ausencia. En lugar de ello, mi intención es honrar su presencia, no su ausencia.

Al prestar atención a nuestra intención, nos comprometemos a estar presentes con los corazones abiertos, permitiendo la libre circulación de los sentimientos. En lugar de aferrarnos a un sentimiento por resistirnos a otro, dejamos que éstos vayan y vengan. El dolor nos pide que estemos plenamente presentes ante nuestros pensamientos y sentimientos y que luego escojamos, responsablemente, los que nos permitan honrar la relación humana por la cual experimentamos el duelo.

Sanación del cuerpo místico ante la pérdida

tercera parte

La danza en espiral

Todo tiene su momento oportuno;
hay un tiempo para todo lo que se hace bajo el cielo.

ECLESIASTÉS 3:1

EL CRISTIANISMO NOS OFRECE UNA ENSEÑANZA sobre el arte de perdonar. El budismo tibetano nos ofrece una enseñanza sobre el arte de morir. El judaísmo nos ofrece una enseñanza sobre el arte del duelo. El espíritu reinante en el mundo de hoy, al comenzar el tercer milenio, parece ser el de compartir grandes tradiciones y artes de sanación contenidos dentro de cada cultura. El concepto de que todos somos un mismo pueblo y vivimos en el mismo mundo es una idea que nos permite escoger entre los distintos puntos fuertes que cada uno puede ofrecer.

Como estudiante de por vida de las tradiciones espirituales y religiosas del mundo y como estudiante devota del budismo tibetano en particular, recuerdo el momento en que un amigo me contó que el Dalai Lama había pedido reunirse con un grupo de rabinos. ¿Por qué? Porque, dijo mi amigo, los judíos tienen una larga historia de mantener la fuerza de su tribu incluso en la diáspora, incluso en el exilio. Y el Dalai Lama era ahora el líder espiritual de una tribu exiliada. Tal vez en ese momento en que vi al budismo y el judaísmo acercarse entre sí fue cuando también vi el contexto en el que el arte de morir contenido en el budismo tibetano se encontraría con el arte del duelo contenido en el judaísmo.

El judaísmo tiene un interesante concepto del tiempo. En lugar de ver el tiempo como una progresión lineal, una secuencia de momentos sucesivos, las enseñanzas judías hablan de ciclos temporales. Al comenzar cada nuevo día, vuelve a empezar el ciclo de la creación. La palabra "año" en hebreo (*shana*) contiene este concepto porque también quiere decir "repetición". Cada año, cada día, cada momento es a la vez nuevo y viejo; contiene lo conocido y también lo desconocido.

De esta sabiduría se obtiene un mapa para nuestro viaje al territorio del dolor, que no es más que un viaje hacia lo desconocido. Lo conocido va con el objeto de nuestra aflicción y lo desconocido es el territorio marcado por el hecho de vivir sin dicho objeto o persona. Al comenzar el primer año de nuestro duelo, entramos en el tiempo planetario: el primer día, marcado por la rotación de la Tierra sobre su eje, el primer mes, marcado por la traslación de la Luna alrededor de la Tierra; y el primer año, marcado por la traslación de la Tierra alrededor del Sol. Cada uno de estos ciclos hace un guiño a nuestros temores al formularnos la pregunta: ¿cómo puedo hacer frente al próximo minuto, la próxima hora, y mucho menos el resto de mi vida, sin mi ser querido?

En mi trabajo, tanto con mi propio dolor como con el de quienes han compartido conmigo su viaje por el duelo, me ha sorprendido una y otra vez la sabiduría sanadora de contar estos ciclos en nuestro girar en torno al duelo. El viaje comienza con un año de "primeras ocasiones". Tenemos el primer lunes, el primer día feriado, las primeras Navidades, el primer año nuevo, el primer encuentro familiar... la primera nevada, el primer viaje a la playa, el primer cumpleaños. Abraham Heschel, gran erudito bíblico del siglo XX, escribió: "Hay un reino del tiempo en el que la meta no consiste en tener, sino en ser, y tampoco consiste en poseer, sino en dar, ni en controlar, sino en compartir, ni en subyugar, sino en estar en concordancia".

¿Cómo podemos estar en "concordancia" con estos ciclos o ritmos de la pena? Elisabeth Kübler-Ross, la reconocida autora de *Sobre la muerte y los moribundos,* fue quien primero identificó la montaña rusa emocional por la que pasamos cuando nos enfrentamos a la realidad de la muerte: negación, depresión, ira, negociación y aceptación. Estas fases se suceden tanto cuando lidiamos con el fallecimiento de un ser querido como cuando encaramos nuestra propia muerte. Lo más probable es que también las encontremos en otras situaciones difíciles no relacionadas con la muerte.

Estos ciclos temporales está muy bien reconocidos en el marco altamente ritualizado que nos ofrece el judaísmo para ayudarnos a contener y sanar nuestro dolor. Las actividades sociales, los compromisos profesionales y hasta las obligaciones religiosas se cancelan en reconocimiento a la angustia del enlutado. Quedamos literalmente fuera de circulación durante la semana siguiente al enterramiento de un familiar. No salimos de la casa. Nuestra comunidad acude a nosotros para compartir el luto, orar y traernos comida. Es costumbre cubrir los espejos en las casas enlutadas, para que sus moradores no se dejen seducir por la vanidad de cuidar su imagen ni se arredren ante la imagen que les imparte el luto.

Cuando pasamos de la negación del primer día a la depresión de la primera semana, al menos nos encontramos seguros en un entorno hogareño, rodeados de los cuidados y atenciones de familiares y miembros de la comunidad.

Después de la semana de shivá, nos aventuramos a salir de la casa. Comenzamos a salir de la negación y la depresión, y a menudo pasamos a la ira. La ira contra quien sea o lo que sea que nos ha traído este sufrimiento a nosotros y a nuestros seres queridos. Durante ese primer mes, aunque nos reincorporemos al trabajo y volvamos a asumir las obligaciones básicas, quizás sigamos usando aún alguna señal externa de nuestra pena, por ejemplo, las vestiduras rasgadas ante la tumba o el cabello y las barbas sin cortar, en el caso de los hombres.

Una vez que entramos en el ciclo del primer año nos encontramos pasando en espiral por todas estas etapas iniciales —negación, depresión, ira— y entrando en una cuarta etapa: la de negociación. ¿Cómo puedo superar esto? ¿Qué tendré que hacer para sobrevivir a esta experiencia? Cambiaré de trabajo; ayudaré a otros que se encuentren en esta situación; no me inquietaré por cosas que parecían tan importantes antes de sufrir esta pérdida y que ahora parecen triviales. Durante este año no nos reintegramos del todo a nuestras vidas sociales. Tal vez todavía encontremos que las fiestas y celebraciones, la música y el entretenimiento ligero son difíciles de tolerar. ¡Y así es como debe ser! Se ha sacudido el cimiento mismo de nuestras vidas, de nuestras creencias. ¿No podríamos darnos un ciclo completo de un año para recuperarnos?

Una vez transcurrido el año, entramos en un ciclo que la Sra. Kübler-Ross denomina de aceptación. El judaísmo nos proporciona un ritual de recordación que nos ayuda a aceptar. Este ritual no sólo toma en cuenta el aniversario del fallecimiento, sino que incluye un momento durante cada día sagrado (Las fiestas de los Tabernáculos, Pascua (Pesaj), Pentecostés y el Día de la Expiación) en que prendemos una vela, decimos una oración y honramos la esencia de nuestra pérdida.

El judaísmo anticipa el "duelo de aniversario". Este aspecto del duelo, que a menudo es visto como un monstruo que acecha en un rincón oscuro, listo para saltar sobre nosotros, a veces nos toma por sorpresa y a veces lo esperamos espantados. Yizkor, la oración que se recita cuatro veces al año en sinagogas de todo el mundo, es una oración "recordatoria". ¡Qué sabio es colocar en el centro de nuestras festividades una oración de recordación, para que no nos encontremos en medio de la celebración sin un receptáculo o contenedor para nuestro duelo! Si el arte del duelo consiste en estar en concordancia con (el espíritu) del tiempo, podemos crear rituales que nos permitan honrar nuestra pena con el paso del tiempo.

Aunque el modelo sicológico de los enlutados que aplican los terapeutas modernos consiste en cuatro etapas (estupor, negación, ira y alienación), siempre me he percatado de la sincronía existente entre los ritmos del duelo y los de la muerte y el morir. Después de todo, ¡la persona que está de luto también ha experimentado una forma de morir! Si alineamos las fases definidas por Kübler-Ross y el modelo judío, tenemos lo siguiente:

> Negación—Día
> Depresión—Semana
> Ira—Mes
> Negociación—Año
> Aceptación—Permanente

Por supuesto, sabemos que estas etapas emocionales no vienen en secuencia, sino más bien en espiral. Una y otra vez volvemos a recalar en la incredulidad, la ira, la depresión y la aceptación. Pero cada vez somos un poco distintos a lo que éramos, quedamos levemente cambiados por el intervalo, y por eso experimentamos un movimiento en espiral. Es lo que algunos llaman la "danza en espiral" de la vida, que nos trae una y otra vez a las mismas personas, lugares, recuerdos e ideas que nos definen.

Este marco que nos ofrece el calendario en el contexto de nuestro duelo no sólo abarca la pérdida de un familiar. Cualquier situación que constituya una pérdida de un objeto o persona con quien estemos "familiarizados" seguirá las mareas altas y bajas de estos ciclos temporales y buscará a través de ellos la sanación o, cuando menos, el reconocimiento.

Una vez, en una conversación telefónica, conocí a Susie, una joven que recientemente había recibido un diagnóstico de esclerosis múltiple. Mientras sus tres hijos pequeños jugaban cerca de ella, Susie hablaba en susurros. Aunque estábamos a tres mil millas de distancia, podía sentir su temor al otro extremo de la línea telefónica. "¿Hace cuánto tiempo te diagnosticaron?", le pregunté. "Hace tres días", respondió. "Debes guardar shivá", le dije, y le expliqué que shivá es el período de siete días que sigue al fallecimiento de un familiar o, en este caso, a la pérdida experimentada por ella al saber que, en lo adelante, su cuerpo no volverá a estar libre de esclerosis múltiple. Le insistí en que debía dedicar un tiempo a quedarse en casa, o incluso a meterse dentro de sí misma, si era posible. Que dejara a un lado todas las preocupaciones ordinarias y se dejara caer en ese lugar. Que buscara la seguridad y la protección de sus familiares, sus amigos y su hogar. "¡Ah, Dios mío!", exclamó. "¡Por eso es que no he querido salir de la casa! Por eso es que sólo quiero estar dentro con mis amigos y familiares, con las personas que amo y en quienes confío. ¡Porque estoy de luto!"

Así es. Suele suceder que, en comparación con nuestros imperativos culturales, nuestros instintos están en mayor concordancia con nuestras necesidades. En última instancia, el duelo nos conecta con los ritmos de la propia vida, tal como el día sigue a la noche y como la luz sigue a la oscuridad producida por la pérdida.

El ritual de recordar

Expresad en palabras vuestra pena:
el dolor callado
va susurrando muy quedo al abatido corazón
y lo lleva a morir.

MACBETH

Cuando vivía en Tucson, me invitaron a escuchar una charla de Kote Lotah, un chamán de los Choumash, que compartía sus puntos de vista sobre la medicina con estudiantes de la Facultad de Medicina de la Universidad de Arizona. Kote es una de las personas en quienes uno confía instintivamente y se lleva la impresión de que sus palabras son veraces. Aunque los estudiantes lo interrogaban sobre problemas médicos específicos, él comenzó a centrarse en cuestiones relacionadas con la salud de la mujer. Habló del efecto que cada embarazo tiene sobre el aura de una mujer, sobre su campo de energía. Kote explicó que, independientemente de si el embarazo se lleva o no a término, el campo aúrico de la mujer es perforado por la entrada y salida del feto. Como yo acababa de verme con el ginecólogo, quien me había recomendado que me hiciera una histerectomía, le pregunté al chamán si podría hacerme un ritual de sanación. Lo hizo esa misma noche, y entonces supe que su sabiduría era veraz.

Cada vez que alguna persona u objeto de importancia entra en nuestras vidas, se perforan sus campos físico, emocional, mental y espiritual. Y cada vez que experimentamos una pérdida, nuestro "campo" resulta perforado de modo similar. La pérdida no sólo perfora nuestra aura, sino que nos desmiembra. El grado en que estemos apegados (a lo que ahora experimentamos como perdido) es el grado en que estamos desmembrados. Muchas madres que han perdido a sus hijos me han contado que el dolor lo sentían literalmente en sus vientres. Pero esta implosión no la provoca solamente la muerte de un hijo o de un ser querido. Puede causarla la pérdida de cualquier relación que consideremos que debe ser íntegra para poder sobrevivir. Puede tratarse de un amante, una casa, un empleo, una mascota. Al perder la "relación" es como si hubiéramos perdido la integridad de nuestro sistema. Ha tenido lugar la perforación de nuestro campo energético y esto ha hecho que el sistema se desmiembre.

Recordar es un ingrediente esencial del luto. Al recitar la oración de "recordación", conocida como Yizkor, nuestros maestros de antaño comprendían que habría momentos en que nuestros corazones y mentes se inclinarían naturalmente a rememorar la pérdida sufrida. Está claro que la fecha del aniversario siempre va a quedar marcada en nuestros recuerdos, pero los momentos de celebración y las festividades también nos obligan a lidiar con el reto que implica mezclar nuestra alegría con nuestra pena. Por eso, para que no tengamos que temer la posibilidad de olvidar, hacemos un ritual de recordación.

En la sinagoga existe la costumbre de pedir a las personas que no vayan a decir la oración de Yizkor que salgan hasta que haya terminado la oración. Cuando era niña, pensaba que lo hacían para protegerme de la tristeza y la pena del duelo. La primera vez que dije esta oración fue por mi padre; aprendí entonces que el ritual no era para proteger a los que salían momentáneamente del templo sino para proteger la santidad y el carácter íntimo del lugar sagrado para aquellos que quedaban dentro. Esta oración, que representa una oportunidad de compartir con la pureza de la recordación, se ve realzada por el hecho de estar en compañía de otros que están haciendo lo mismo.

Cuando alguien me cuenta sobre las batallas libradas por los afligidos cuando se avecinan los días feriados, cumpleaños y bodas y sobre la parálisis que sobreviene al pensar cómo debemos conjugar la alegría de esas ocasiones con el dolor que sentimos, esto me hace recordar que el duelo tiene sus ciclos y que la recordación también tiene sus ciclos. En el primer año del duelo no deseamos participar plenamente en celebraciones. Nuestros corazones y mentes, nuestros cuerpos y espíritus se rebelan ante la idea misma. Nos alejamos de las ocasiones de socializar y festejar. ¡Hasta los oídos se nos resisten a veces a la música misma, de dondequiera que nos llegue! Todas estas distracciones parecen sugerir que el mundo no se ha venido abajo pero, para nosotros, el mundo efectivamente se ha venido abajo.

Cuando participamos en el proceso de recordar, estamos aprendiendo a reintegrarnos y recuperarnos. Nos reconfiguramos de una forma que incluye lo que ya no está presente físicamente en nuestras vidas. Con el pensamiento y la intención y el tiempo, comenzamos a sobrellevar lo que al principio parecía imposible. Estamos entretejiendo esta pérdida en el tapiz de nuestras vidas al descubrir que la relación no está perdida. "La otra persona" ya no está separada de nosotros, sino que es eternamente parte de nuestro ser físico. El dolor que una madre siente en el vientre cuando pierde a un hijo se debe quizás a la parte de ella que se esfuerza por "volver a concebir" a su hijo ante la realidad de su desaparición física. De cierta forma, es como volver a dar a luz.

Cuando murió mi amiga Sydelle, me di cuenta de que ahora estaba conmigo mucho más a menudo que cuando vivía. No teníamos que esperar para vernos ni hablar por teléfono; Sydelle simplemente estaba presente en el momento en que yo pensaba en ella. Esto sucedió hace muchos años y he comprobado que lo mismo ha sucedido muchas pérdidas ulteriores. Y no sólo en casos de pérdidas de seres humanos, sino de momentos y sentimientos y lugares sagrados. Es mi responsabilidad, es responsabilidad del duelo, recordarme a mí misma de manera que incluya lo que no quiero perder. Siempre pierdo algo, una y otra vez, cuando no recuerdo que, mientras viva, esa persona u objeto es parte de mí y, por lo tanto, también vive. No vive de la misma forma que antes, pero yo tampoco soy ya como antes.

Philomena—25 de julio de 1996

Llamemos a las puertas del cielo y
escuchemos el sonido.

REFRÁN ZEN

Había transcurrido exactamente un año de la muerte de mi amiga Philomena. Su esposo, Neal, me pidió que lo acompañara a la playa esa mañana de verano para esparcir una parte de sus cenizas. Philomena había especificado exactamente dónde quería que esparcieran sus cenizas: en el Parque Central de Nueva York, en Fire Island, en París y en el sur de Francia: cuatro maravillosos viajes que había legado a Neal para ayudarlo en su sanación. El quinto y último lugar era una playa a poca distancia de nuestros hogares respectivos. Ya Neal había ido al Parque Central y a Fire Island, pero aún no había ido al sitio local favorito de Philomena. Habíamos convenido en marcar el fin de ese primer año desde su desaparición física, llevando a Philomena a la playa que tanto le gustaba en vida.

No teníamos ningún plan concreto. En su camino a mi casa, Neal consiguió unas flores. Llevaba una parte de las cenizas de Philomena en un hermoso recipiente de color azul cobalto. Al avanzar por el sendero que cada uno de nosotros tanto habíamos andado en distintas ocasiones en los dos últimos años de la vida de Philomena, íbamos lanzando las flores a las olas. Hablamos. Compartimos anécdotas. Nos reímos mucho de las increíbles travesuras de Philomena y nos maravillamos por su sabiduría y valor al vivir plenamente su paso a la otra vida y disfrutar cada momento de sus dos últimos años. Cuando dimos la vuelta para regresar, las olas volvieron a traer las flores a la orilla. Cada vez que alcanzábamos el lugar donde se encontraba una de las flores, Neal esparcía algunas de las cenizas de Philomena sobre la flor y volvía a lanzarla al mar.

Fue un ritual muy lindo y grato, que surgió espontáneamente basado en nuestra simple presencia e intención. Lo hicimos para honrar el amor que sentíamos por ella y, como recompensa, recibimos un hermoso ritual. A veces nos enredamos tanto por "no saber cómo hacer las cosas", que simplemente no hacemos nada. Preguntamos cómo practicar el duelo, sin darnos cuenta de que ese proceso tiene lugar espontáneamente si no nos cerramos ante el dolor de la pérdida. Tememos no saber cómo crear un ritual, sin darnos cuenta de que los rituales surgen por sí mismos cuando nos proponemos honrar nuestra pérdida y estar presentes ante lo que suceda.

¿Qué finalidad tiene definir nuestra intención con el fin de crear un ritual? Los rituales son actos que se realizan para crear conciencia, para estar más alertas. Los rituales imparten santidad. Cuando definimos la intención de establecer un ritual en torno a la pérdida, santificamos lo que se ha perdido. Un ritual puede convertir un acontecimiento ordinario, como el de salir a caminar, en un gesto extraordinario. Los rituales conscientes nos despiertan ante la maravilla y el milagro de la vida.

Los rituales han sido identificados con la religión desde los comienzos del tiempo. La contracultura de la década de los 60 sacó al ritual del entorno religioso al crear rituales de amor, de presencia y de otros tipos. Surgían rituales espontáneos en conciertos de rock y eventos similares. A la postre, el círculo sagrado se reconfiguró mediante la creación de grupos de apoyo en el mundo entero. Quizás parte de nuestra incomodidad con la creación de rituales responde a un pasado en el que nos enseñaron rituales religiosos sin pedirnos que creáramos nuestros propios rituales. Quizás surge a partir de la renuencia a acercarse a lo sagrado. Si comenzamos por centrar la atención en lo que era sagrado en la relación que estamos honrando, nos apartamos de la separación producida por la pérdida y volvemos a integrarnos en la plenitud del objeto de nuestro amor.

A mi amiga Philomena le encantaba caminar por la playa, y también le encantaban las flores. Para Neal y para mí, lanzar flores a las olas mientras andábamos por el tramo de playa favorito de Philomena era tan natural como el propio hecho de pensar en Philomena. Los rituales son lo que nosotros mismos creamos. Cuando Marsha hablaba de su hijo Joel, contaba muchas anécdotas relacionadas con deportes. Uno de los rituales que ella ha desarrollado es el de ver los juegos de béisbol del equipo Blue Jays. En el caso de Barbara, quien perdió a su esposo, seguir viajando dos veces al año al suroeste del país resultaba increíblemente doloroso, pero también era una manera de honrar su amor y su dolor. En los primeros años que siguieron a la inesperada muerte de Steve, era para ella un gran sacrificio levantarse cada mañana para recorrer un tramo del cañón favorito de ambos, pero gradualmente se convirtió en un ritual que ella sigue realizando y que hoy comparte con más facilidad y alegría con amigos y familiares. Un día, Nathalie llamó para hablar de crear un ritual que honrara el primer aniversario de la desaparición física de su padre. Sus dos hijos de edad escolar se encontraban en casa durante unas breves vacaciones, y a ella se le ocurrió que podrían hacer un picnic en el cementerio . . . o ir de pesca al muelle, como le gustaba al abuelo . . . o quizás hacer una excursión por el parque estatal. ¿Era ésa una buena idea? Seguro que sí, respondí.

Hay aspectos del duelo que son personales y aspectos que se comparten. Hay aspectos que viven en nuestros corazones y mentes y no hay necesidad de expresarlos. Pero también hay aspectos del duelo que exigen expresión. Es ése el momento en que recurrimos al ritual.

El borde

Acérquense al borde, le dijo.
No.
Acérquense al borde, le dijo.
No.
Se acercaron al borde.
Él los empujó
y
volaron.

APOLLINAIRE

CUÁNTAS VECES HEMOS OÍDO a alguien, después de una profunda pérdida, decir: "Me siento como si estuviera soñando. Me siento como si fuera a despertar y descubrir que nada de esto ha pasado". Oigo decir esto cada vez que alguien se encuentra con cualquier tipo de pérdida profunda, sea la muerte de un ser querido, o la pérdida de una relación, un empleo o un sueño. Es una de las maneras que tenemos de protegernos a nosotros mismos de quedara abrumados por la intensidad de la pérdida.

Necesitamos tiempo para reconstituirnos después de una pérdida. No se trata solamente de que haya habido una muerte o una pérdida de algo en nuestra vida, sino que también nosotros de cierto modo hemos muerto. No es sólo que la persona, en lugar o el objeto con quien mantuvimos la relación ya no esté presente, sino que la persona que creíamos ser se ha ido también. Necesitamos tiempo para pensar y sentir y estar en este mundo sin lo que habíamos llegado a identificar como parte de la realidad ordinaria.

La pérdida nos desafía a no mantenernos satisfechos de nosotros mismos. Nos reta a que comprobemos si aún seguimos siendo la persona que creíamos ser hasta este momento. ¿Significa la pérdida de determinada persona, o de determinado aspecto de nuestras vidas, que hemos dejado de ser quienes creíamos ser? Son incontables las veces que he oído decir a personas que han sufrido una pérdida: "Ya no sé ni quién soy". Esta pérdida nos ha acercado al borde mismo de nuestro mundo, ya no estamos seguros de en qué lado de esa divisoria queremos estar. Mientras lo decidimos, vivimos en un realidad no ordinaria. De ahí el sentimiento de estar en un sueño. La realidad ordinaria es la que reinaba en nuestras vidas antes de esta destrucción, antes de que fuéramos desmembrados. La realidad no ordinaria borra los límites entre pasado, presente y futuro. En la realidad no ordinaria nos resulta poco familiar nuestra forma de ver, pensar y sentir. Ha sucedido lo que creíamos que no sucedería o que no podría suceder. ¿Qué otras cosas cambiarán? ¿En qué podemos confiar? ¿Cuáles son las creencias que sobrevivirán a estos tiempos inciertos?

Cuando la realidad comienza a cambiar, aminoramos la marcha y comenzamos a hacer preguntas. A detenernos, mirar y escuchar. Siguen siendo válidas esas tres palabras que nos enseñaron desde que empezamos a explorar el mundo. Cuando nos encontramos sobre un terreno poco conocido, debemos parar. Debemos buscar señales que nos den la información necesaria para seguir por nuestro sendero. "Pidan, y se les dará; busquen, y encontrarán". Escuche. ¿Qué oye? Probablemente, más preguntas que respuestas. El poeta Rainer Maria Rilke nos exhortó: "¡Vivid las preguntas en el presente!" ¿Cuáles son las preguntas centrales en relación con la pérdida? Un maestro budista yace en su lecho de muerte. Sus estudiantes se reúnen en torno a él, llorando y preguntándole qué harán cuando él se haya ido. Entre risas, el maestro les pregunta: "¿Adónde creen que me voy?"

La pérdida nos separa de todas nuestras formas habituales de pensamiento, y el simple hecho de existir nos resulta agotador. El hecho de hacernos preguntas nos cansa y consume mucho tiempo. El dolor hace que despertemos a un nuevo sentido del tiempo. De repente tenemos una relación con el tiempo que es desconcertante y exigente. El tiempo, que era una progresión de acontecimientos más o menos predecible, ahora nos separa de lo que sentimos que se ha perdido. Luchamos por cruzar y volver a cruzar por ese momento temporal de antes de la pérdida y después de ella. A menudo encontramos que dormimos más de lo acostumbrado. El sueño es una magnífica forma que tiene el cuerpo de sanarnos. William Shakespeare entendió esto: "El sueño que desenreda la enmarañada madeja del desasosiego". No es posible evadir el tiempo que requiere la sanación. Igual que no podemos tirar de la hierba para hacerla crecer, tampoco podemos manipular el tiempo que nos tomará sanar.

Al dormir encontramos lo que las culturas tribales llaman

"tiempo onírico". El tiempo onírico es un espacio de profunda sanación interior. El sueño es absolutamente real para quien lo está experimentando. En los días, semanas y meses posteriores a una pérdida, soñamos con ella. Muchos no sabemos cómo recordar nuestros sueños o nos inspira temor lo que pudiéramos recordar. Independientemente de si recordamos o no nuestros sueños, éstos vuelven a conectarnos con el objeto o persona que echamos de menos. Despertamos de esos sueños con un profundo sentido de bienestar por haber visitado una parte de nuestras vidas que creíamos perdida para siempre. Contrariamente a lo que podríamos temer, el hecho de soñar con alguien o algo que echamos de menos satisface una necesidad muy real de nuestra psiquis. Cuando Marsha sueña con Joel, siempre me cuenta que se siente feliz, satisfecha, como si ese encuentro hubiera sido para ella un regalo. Incluso cuando se trata de un sueño perturbador, ha tenido la oportunidad de compartir con su hijo.

Los sueños son como regalos que se pueden disfrutar en muchos niveles distintos. Una vez que decidimos que estamos interesados en nuestros sueños, es común que comencemos a recordarlos. Cuando experimentamos el duelo, es importante reservar un tiempo para el descanso y el sueño. Es muy común que nuestros familiares, amigos y colegas, con las mejores intenciones, quieran mantenernos ocupados y en movimiento, como si eso nos fuera a mantener a salvo del dolor. Así no es como funciona. Lo único que nos puede mantener a salvo de nuestro dolor es el dolor mismo. "Aprende a sufrir y podrás dejar de sufrir". Lo más conveniente es que dediquemos un tiempo y un espacio a nuestro dolor. Cuando reservamos un tiempo para reflexionar en paz, para que nuestro dolor pueda hablarnos, dejamos que éste nos lleve a donde tenga que llevarnos. Contenemos por dentro la pena para que, cuando aflore de un salto, podamos decirle quedamente: "Ahora no. Te dedicaré tiempo esta noche o esta tarde". El hecho de saber cuándo uno podrá pasar un rato con su pena le permite escoger un lugar cómodo donde hacerlo, un lugar seguro.

A veces nos pasa como a Alicia y caemos por el hueco de la madriguera. En un momento estamos sentados frente a nuestro escritorio y al siguiente instante estamos cayendo por un abismo tan profundo y oscuro que tememos nunca poder salir. Hemos vuelto a cruzar del lado de la realidad no ordinaria. Hay que detenerse y recuperar el aliento. Hay que mirar al reedor: ¿dónde se encuentra uno (desde el punto de vista emocional)? Hay que escuchar: ¿qué oye? Después de una pérdida profunda, es sabio tomarse un tiempo para detener todas las actividades ordinarias y vivir en este tiempo y espacios no ordinarios. Es sabio dedicar un tiempo a compartir con familiares y amigos su relato personal y hablarles de lo que está experimentando. Es sabio demarcar esta pérdida porque es suya, y lo será mientras viva. Mientras más tiempo dediquemos a este viaje, mayor potencial tendremos de sanación a través de nuestra pérdida, de modo que las mejores cualidades de lo que hemos perdido sigan presentes en nosotros.

Recuerdo cuando salí de excursión por las montañas con mi amiga Patricia el día después de fallecer nuestro amigo Harvey. Íbamos por los Montes Catalina, cerca de Tucson, a finales de la primavera. Anduvimos en silencio durante largo rato. Captábamos vívidamente las luces, colores, olores y formas. Sentíamos que de repente la vida se veía con mucha mayor claridad, como si experimentáramos un estado inducido por estupefacientes. ¿Se debía esto a que estábamos casi en el borde que separa a dos mundos, nuestro mundo y el mundo a donde había "cruzado" nuestro amigo, el reino de lo desconocido? También nosotros estábamos experimentando un reino desconocido, el reino en el que tanto nuestro amigo como una parte importante de nuestras vidas ordinarias cambiaban de forma.

He oído al Dr. William Brugh Joy hablar de científicos que, mediante la medición de vibraciones sonoras producidas por una oruga dentro de su capullo, saben que la oruga está quejándose de dolor. Grita de dolor al sentir que su cuerpo cambia de forma, de una oruga, o sea, de una criatura insignificante para la mayoría de nosotros, a una bella y admirable mariposa. En muchas tradiciones la mariposa se utiliza como símbolo de transformación y especialmente de la transmutación a través de la muerte. No obstante, en nuestras versiones excesivamente románticas de la vida, no reconocemos que la transformación es un proceso doloroso. Es doloroso, pero no es fatal. Puede estar seguro de que, igual que Alicia en el país de las maravillas, uno cae por el hueco de la madriguera hasta alcanzar una realidad totalmente distinta. Las cosas se ven iguales, pero no lo son. Suenan igual, pero no lo son. Uno no se reconoce asimismo. No está loco, sino que se encuentra en un territorio desconocido. Un lugar en el que uno debe confiar en sí mismo y en sus instintos, exactamente como haría si estuviera "perdido". Mande señales y no se mueva del lugar. La ayuda está al llegar.

La fe

Nuestra fe es capaz de alcanzar
el reino del misterio.

DESCONOCIDO

LA PÉRDIDA SE ESCONDE TRAS muchas máscaras distintas. Para algunos de nosotros, la primera máscara que le vemos es la de la traición. "¡Esto no tenía por qué suceder!" Esta pérdida no sólo no estaba en nuestros planes, sino que nos resulta inconcebible. La mayoría de las pérdidas nos acontecen en forma repentina e inesperada y, aunque hayamos tenido tiempo para "prepararnos", como sucede durante una penosa enfermedad o a lo largo de un lento proceso de divorcio o reubicación, de todas formas la realidad nos resulta paralizante. Buscamos a quién culpar: a un médico, un chofer de autobús, un loco, Dios, o nosotros mismos. Cada uno de estos chivos expiatorios es una distracción. El hecho de adjudicar culpabilidad significa que alguien podría haber hecho algo distinto para que hubiera un resultado distinto. Nuestras mentes gritan: "¡No tenía que haber sucedido así!" ¿Quién decide esto? Como dijo el poeta chileno Pablo Neruda: "La vida es lo que ocurre mientras pasamos el tiempo haciendo planes."

Cada uno de nuestros pensamientos influye no solamente en la forma en que nos sentimos, sino que también nos mantiene abiertos o cerrados ante las posibilidades inherentes a cualquier situación. Los pensamientos son energía física conformada por la conciencia. El reto consiste en ser consciente de esos pensamientos para que estemos al mando de ellos, en lugar de que ellos estén al mando de nosotros. Por ejemplo: Si una amiga me traiciona y no atino a pensar en otra cosa que en lo mala que es ella y lo pobrecita que soy yo como víctima, no sólo me mantendré ciega a todos los factores que condujeron a la traición, sino a muchos de los senderos que me permitirían distanciarme de esa traición. ¡Quedaré atrapada dentro de una prisión creada por mí misma!

La mayor traición en la historia judeocristiana, la traición de Judas Iscariote a Jesús, puede verse como la venalidad de un hombre

que fue capaz de vender a su maestro y amigo por cincuenta mone-
das o como un drama con dos protagonistas, que se haría sentir por
los siglos de los siglos. Sean cuales sean las circunstancias o el grado
de la traición, cada situación es como una cebolla, con sus múltiples
capas, y lo que nos corresponde es mantenernos presentes todo el
tiempo que sea necesario para quitar la mayor cantidad posible de
capas. En este proceso siempre hay una enseñanza. Casi nunca es
la enseñanza que pensábamos que nos tocaría, ni mucho menos la
que hubiéramos seleccionado pero, en cuestiones del corazón y el
alma, casi nunca se nos consulta. Si somos capaces de asumir que
cada momento de nuestras vidas nos puede enseñar algo, podremos
mantenernos abiertos en lugar de colapsar en torno a nuestro dolor,
sufrimiento y sentido de que hemos sido traicionados.

Una mañana recibí, en rápida sucesión, dos cartas y una llamada
telefónica de tres amigos a quienes siempre había considerado aliados
y consejeros de confianza. Desde hacía veinte años los tenía en mi
corazón y en mi mente, con todas sus adversidades y tribulaciones;
siempre estuve disponible para ellos cuando me necesitaran, a cualquier hora del día o de la noche. Ahora era yo quien los necesitaba. Al
verme vulnerable y en aprietos, había acudido a cada uno de ellos para
pedirles ayuda. Cada uno, por sus propias razones, se alejó de mí. En
mi estado ya frágil, estuve a punto de sentirme abrumada por la sensación de dolor y traición. Me resultó devastadora la pérdida de veinte
años de fe y confianza en que estos amigos dirían presente cuando los
necesitara. Como sabía que el equivalente a veinte años de relaciones
humanas se derrumbaba bajo mis pies, sólo atinaba a pensar: ¿En
quién puedo confiar? ¿Qué queda que pueda merecer mi confianza?

El teléfono volvió a sonar. Respondí. Era otra amiga, una sabia
mujer que fue capaz de recibir mi dolor y mi sensación de pérdida, que
me dijo en tono tranquilo: la confianza trae consigo la traición. En el
momento en que pronunció esas palabras, supe que eran veraces. No
hubiera podido explicarlo ni siquiera a mí misma, pero pude sentir la
sabiduría y la veracidad de la enseñanza. Durante mucho tiempo he
luchado por aprender sobre la traición que viene incluida en la confi-

anza. Confiar plenamente significa tener una fe tan firme (en lo que confiamos) que incluso lo que parece ser y se siente como una traición puede incluirse como parte de la totalidad de esa fe. ¿En qué consiste esa fe? En tener fe en que la vida no está marcándonos arbitrariamente para acosarnos o castigarnos, ni para herirnos o atormentarnos; fe en que en algún momento futuro la sabiduría de este momento (de pérdida) nos será revelada. Fe en que esto es parte del plan. ¿Es la traición una sabiduría al mismo tiempo revelada y disimulada?

Abraham Heschel escribió: "Tener fe no significa capitular, sino llegar a un plano de pensamiento más elevado. Tener fe no significa desafiar la razón humana, sino compartir la sabiduría divina."

La vida es imprevisible por su propia naturaleza. No hay garantías de lo que sucederá en cada momento. Los tibetanos tienen un refrán: "Mañana o la próxima vida: nadie sabe cuál viene primero". Esa misma imprevisibilidad lleva en su esencia la pérdida. Lo que hoy necesitamos y tenemos puede dejar de pertenecernos mañana. Esto nos plantea la interrogante de si lo que hemos perdido realmente nos pertenecía. Nuestra cultura, e incluso nuestro mundo, se han desconectado de la naturaleza de la vida en tal grado que hemos llegado a creer que podemos posesionarnos de la vida y controlarla. La tecnología y la ciencia nos han seducido de tal forma que tenemos una falsa impresión de dominación. Hablamos de "luchar" contra la muerte y de "dar" vida. Hablamos de nuestros "derechos inalienables . . . a la vida, la libertad y la búsqueda de la felicidad". ¿Es la vida un derecho o un don, una posibilidad? ¿Somos capaces de dar vida, o de decidir cuándo terminarla?

La confianza en las mareas altas y bajas de la vida es esencial para nuestro bienestar. Confiamos en que las mareas subirán y bajarán, que el sol saldrá cada mañana y que las estaciones se sucederán una tras otra. ¿Podemos confiar en que las mareas altas y bajas, los regalos y las pérdidas de nuestras vidas aportan siempre algún significado y enseñanza? Y, ¿podemos incluir en esa confianza la traición (a nuestra fe)? La pérdida nos hace poner de rodillas. La fe en nuestros constantemente cambiantes —la confianza en nuestra singular fuerza vital— nos pone de nuevo en pie.

¿Cuánto podemos llegar a crecer ante esta traición? ¿Hasta dónde podemos abrir el lente de nuestros corazones y mentes al examinar lo devastadas que parecen nuestras vidas? ¿Qué haría falta para que mantuviéramos abiertos nuestros corazones y mentes? La traición es una gran amenaza a nuestra supervivencia. Cuando somos traicionados, creemos tener que cerrar puertas y ventanas a cal y canto: ¡Tenemos que averiguar quién es el traidor! Cerramos nuestros corazones y mentes en el momento mismo en que lo que más necesitamos es mantenernos abiertos para dar cabida al amor y a la sabiduría que la vida también ofrece ante una pérdida.

La pérdida nos hace acercarnos más que nunca al amor que teníamos y que seguimos teniendo (¿a dónde habrá ido a parar?). Como sólo podemos tener la sensación de pérdida por algo que apreciábamos, la pérdida misma nos conecta con el amor. Y el amor sana. Ante la ruptura que sentimos al sufrir una pérdida —o desmembramiento— el amor nos devuelve a la integridad.

La simiente de la confianza está en saber que no perdimos lo que teníamos, que nada se puede perder una vez que está en nuestros corazones y mentes. La sanación que nos trae la pérdida nos permite mantenernos abiertos "en buena fe" ante la presencia de la aparente traición de esa pérdida. Nos enfrentamos a vendavales y somos zarandeados de la dualidad formada por la traición y la confianza. En su esencia, nuestros corazones se mantienen abiertos, sostenidos por el amor que nos creó. Con amor, comenzamos a honrar la vida que se mueve a través de nosotros y que nos permitirá seguir viviendo, de nuevas maneras, en esta relación que tanto apreciamos. Aguantamos el dolor que, en nuestra calidad de seres afanosos, debemos soportar para dar a luz nueva vida.

No será fácil. La vida y el amor piden todo de nosotros. En última instancia, nos piden que estemos dispuestos a confiar lo suficiente como para seguir amando a pesar de los sentimientos de traición que nos embargan al sufrir una pérdida.

La "puerta sin puerta"

Nada puede aprender el hombre
si no va
de lo conocido a lo desconocido.

CLAUDE BERNARD

La cábala es la base mística del judaísmo. Revela cómo podemos recibir las enseñanzas que la vida pone constantemente a nuestra disposición. En hebreo la palabra *Kabbalah* significa literalmente "lo que se recibe". La cábala nos indica cómo recibir las lecciones que deben ayudarnos a sanar nuestro propio receptáculo para que, a la vez, podamos ayudar a sanar el receptáculo del mundo.

Muy poético pero, ¿qué significa? ¿Cómo funciona?

Una vez, hace mucho tiempo, pregunté a un cabalista cómo podríamos describir la función que desempeña el cabalista. Aunque se mostró reacio a responder mis preguntas sobre esta enseñanza secreta y altamente esotérica, al fin me dijo: "La labor del cabalista se denomina Tikkun Olam, o sea, reparar el mundo". Seguidamente, en forma muy sucinta, explicó que toda la creación está contenida dentro de un tejido, un recubrimiento, de divinidad y que la responsabilidad del cabalista es sanar cualquier desgarrón que haya en ese tejido. Cuando colgué el teléfono, me quedé pensando en la relación entre dos palabras: desgarrones y lágrimas. ¿Será que producimos "lágrimas" cuando sentimos los "desgarrones" en el tejido de nuestro mundo, rasgado por la pérdida?

Cuando vemos toda la creación como un receptáculo para la chispa divina de la vida, nuestra misión consiste en mantener nuestro receptáculo íntegro, intacto, para que podamos contener esta chispa divina sin que se nos escurra por las grietas y fisuras, los desgarrones, de la vida cotidiana. Cuando una persona u objeto muere o desaparece, su receptáculo se quiebra y la chispa divina contenida dentro de ella se dispersa en el universo. Cuando esa pérdida es parte de nuestras vidas, nuestro receptáculo también se quiebra. Lo que estaba contenido en nuestra realidad física ya ha dejado de estar contenido. Hemos sido expulsados del reino "físico" y hemos pasado al reino "metafísico" por el desgarrón del tejido de nuestro mundo conocido.

El mundo metafísico vive más allá de las fronteras del mundo físico. El prefijo meta- significa que algo ha sufrido un cambio o transferencia: una amistad o matrimonio o carrera profesional que ha terminado cambia de la relación física que teníamos con ella a una relación metafísica que podemos seguir manteniendo en nuestros recuerdos, pensamientos, anhelos, souvenires, e incluso en nuestro dolor. Normalmente no hay necesidad de explorar la realidad metafísica hasta que experimentamos la pérdida de alguna parte estimada o familiar de nuestro mundo que no queremos dejar ir. ¿Cómo seguir aferrándonos a lo que considerábamos precioso si ya no existe el receptáculo que lo contenía? ¿Cómo transferir una relación del reino físico al reino metafísico?

Una clienta me contó que su nieto, quien había perdido a su madre recientemente, deseaba morir para poder estar con su ella. Dile, le indiqué, que no es necesario morir para estar con su mamá. Dile que puede estar con ella aquí mismo y en este momento, en su corazón y en su mente.

La pérdida es una experiencia que virtualmente nos ruega que nos salgamos de la estrechez de la experiencia física y nos aventuremos a los espacios amplios y abiertos del misterio. Una experiencia mística, del misterio, es un momento de conciencia pura y sin diluir. Un momento en el que estamos tan completamente presentes que nada nos distrae la atención. Cuando nos encontramos ante la pérdida de una persona u objeto que ha sido parte vital de nuestro mundo, no importa nada más. Ni la salud, ni las riquezas, ni la posibilidad de recuperarnos. Todos lo que podemos contener, todo lo que elegimos contener, es la conciencia pura de esta pérdida. En este momento es que hemos unido las manos con los místicos. Es en este momento de pura conciencia (de nuestra pérdida) que nos conectamos con la vida en su sentido más amplio. La vida se renueva constantemente por medio de la pérdida.

Shari, una adolescente de dieciséis años, escribió estas palabras y concibió estas imágenes tras la muerte de su hermano:

No has muerto

Vives en el hermoso viento que sopla
Vives en el sonido de los pájaros que cantan
Vives en el sol que brilla tan intensamente
Vives en la apacible oscuridad de la noche
Vives en una estrella que veo en el firmamento
Vives en las olas del océano traídas por la marea
Vives en el aroma de las flores y la hierba
Vives en el verano que pasa tan rápidamente
Vives en mi corazón, tan dolido
No has muerto, sólo perdimos el contacto.

La pérdida es una exhortación al misticismo, a la espiritualidad, porque nuestra relación con nosotros mismos y con nuestro mundo ha trascendido sus propias fronteras. Nuestro receptáculo se ha quebrado, el tejido de nuestro mundo se ha rasgado y, o respondemos al llamamiento a sanar o nos desplomamos de desesperanza. El proceso del duelo puede convertirse en un acto creativo, que da nacimiento a algo, o en un acto destructivo. Lo que queremos oír, lo que necesitamos escuchar en lo más hondo de nuestra desesperanza, es el llamamiento a la sanación. Y cuando nos dejamos llevar por el éxtasis de la sanación, debemos recordar nuestra desesperanza.

Para utilizar una imagen mundana, uno de mis maestros decía que, cuando estamos en proceso de sanación, a veces necesitamos "cambiar el canal". Mientras estamos absortos en un programa de un canal televisivo, todas las demás estaciones están transmitiendo simultáneamente otros programas. De modo similar, nuestras mentes tienen varios canales y, cuando nos vemos atrapados por el "canal del miedo" o por el "canal de la ira", haríamos bien en recordar que hay otra programación en otros canales. Es posible que, ocasionalmente, necesitemos volver a sintonizar el canal del duelo.

Tal vez la programación sobre metafísica y misticismo se transmita por el "canal de la sabiduría". ¿Sabemos cómo encontrarlo? En la parte del mundo donde usted vive, ¿cuál es la frecuencia por la que se transmite la sabiduría universal? A veces lo único que tenemos que hacer es dejar que el sintonizador busque un canal. Preste atención mientras el sintonizador de su corazón y su alma, el espectro místico y metafísico de su ser, localiza la estación de la sabiduría. Siempre la reconocerá, pues se captará impecablemente, sin ruido estático. No requiere credenciales ni una presentación que nos resulte familiar. Usted podrá reconocer la sabiduría en el mismo instante en que la escuche.

No obstante, para poder encontrar esta sabiduría, esta orientación, el "receptor" tiene que ser lo suficientemente sensible como para captar la transmisión. El receptáculo tiene que ser lo suficientemente "íntegro" para poder buscar. Tenemos que estar "prendidos" para poder recibir. La cábala nos enseña que, cuando el corazón se rompe, se abre. La ruptura lo hace abrirse para dar cabida a algo más que la pérdida, más que el dolor y la traición. Se abre de golpe para darnos a entender que podemos ir más allá de los límites de quiénes (creíamos que) éramos, si recibimos a la vida a través de la pérdida.

El místico Abraham Heschel escribió: "Entre el alba que representa la niñez y la puerta que representa la muerte, el hombre se encuentra con objetos y acontecimientos que producen un susurro de veracidad apenas más intenso que la quietud, pero de carácter exhortador y persistente."

No hay quietud más ruidosa que la reinante en el corazón de la pérdida. Una vez, en un seminario sobre el duelo, planteé la idea de bendecir nuestra pena cuando nos encontremos cara a cara con ella. Durante el receso, una joven se me acercó y me dijo que su hija pequeña había muerto hacía unos meses y que a ella la horrorizaba la idea de bendecir su pena. Se fue sin darme tiempo a decirle que lo que bendecimos no es la pena, sino nuestra capacidad de aceptarla y de cambiarla a través de esa aceptación y, de esa forma, cambiar también nuestro mundo.

La cábala nos enseña que hay tres maneras en que podemos expresar la pena. En el nivel más bajo, lloramos. En el segundo nivel, sufrimos en silencio. En el nivel más elevado, convertimos nuestra pena en canción. Hay partes de nuestro ser que se enfurecen ante la idea, la mera sugerencia, de convertir nuestra pena en canción o de bendecir un encuentro con la pena. A esas partes de nuestro ser, podemos preguntarle: ¿Cuál es la (mejor) manera de expresar la medida de mi amor, respeto y agradecimiento por lo que parece perdido? ¿Decir que "no" a la pérdida o decirle que "sí"? Decirle que "no" significa que el objeto de nuestra pérdida queda confinado a los reinos de nuestro dolor, de nuestra pena, y de su ausencia. Decirle que "sí" significa permitirnos abrazar nuestra pérdida y ser abrazados por ella. Ese abrazo trae todo consigo: pena y alegría, lágrimas y risa, amor y pérdida, lo que fue y lo que será. Al enfocar el alma a través de nuestra intención de contener la chispa divina de nuestra vitalidad, sanamos las lágrimas y los desgarrones en el tejido de nuestro mundo. Fortalecemos el receptáculo de nuestro ser al aceptar la pena y convertirla en canción. Y quizás, al hacerlo, lleguemos a contener algún fragmento de la chispa divina que fue enviada al mundo al romperse el receptáculo que contenía el objeto de nuestro amor.

Así es como comienzan la transformación y la iniciación. La "puerta sin puerta" es una metáfora de iniciación. Representa a la Vida (con "V" mayúscula) que nos llama. Si respondemos al llamamiento de la Vida, los velos del misterio que nos separan de conocer el significado y la sabiduría de la vida se apartan brevemente y nos convertimos en iniciados. La pérdida es una iniciación de este tipo si estamos dispuestos a responder a su llamamiento. Pero lo que nos pide es, ni más ni menos, que estemos dispuestos a bendecirla.

La historia interminable

Si quieres parar, para.
Si buscas el momento de terminar,
nunca lo encontrarás.

REFRÁN TIBETANO

Ya debo parar. Queda mucho por explorar y mucho en qué profundizar en lo tocante a la sanación a través del duelo, pero lo cierto es que la primera enseñanza que me aportó este tipo de aflicción fue que nunca llegamos a "completar" nuestro duelo. Nunca terminamos con él. Estará con nosotros mientras vivamos.

Cambia. Tiene sus ritmos. A veces está presente en su ausencia y a veces la ausencia es la que hace que la pena esté presente. A veces somos fuertes e intrépidos ante el duelo, y a veces somos asustadizos y vulnerables. Todo es parte del tapiz de nuestras vidas y, mediante el acto mismo de entretejer nuestras pérdidas en ese tapiz, nos aseguramos de que las pérdidas que experimentamos sean parte de nuestra integridad. Y así sanamos.

Ten paciencia con todo lo que está sin resolver en tu
corazón y trata de amar las preguntas mismas.
No busques las respuestas que no se pueden
dar porque no podrías
vivirlas. Y la idea es vivirlo todo.
(Por eso) vive ahora las preguntas . . .

RAINER MARIA RILKE

Agradezco profundamente la oportunidad que me ha dado de acompañarle a través de estas páginas. Si lo desea, puede escribirme sobre su experiencia a la Fundación Shivá (c/o The Shiva Foundation). O también puede hablarme directamente en el silencio de su corazón.

Que le vaya bien,

Debrah

Deborah Morris Coryell ha trabajado en las artes de sanación desde 1974 y es cofundadora y presidenta de la Fundación Shivá, una organización dedicada a proporcionar instrucción y apoyo a personas afligidas por situaciones de pérdida y de muerte de seres queridos. Concibió y dirigió el Programa de Bienestar/Educación de Canyon Ranch, en Tucson, Arizona, uno de los balnearios más sobresalientes e innovadores del país. Sobre la base de un modelo de bienestar creado por ella, el programa abarca un espectro completo de patrones y recursos vitales que influyen en la salud, incluida la capacidad de experimentar el duelo. La Sra. Coryell ha contribuido a introducir el modelo de bienestar en el mundo empresarial, donde es ampliamente utilizado en la actualidad. Además, ha ofrecido consultas a personas y familias que se han visto frente a situaciones catastróficas en la vida. Es profesora visitante en el programa de Medicina Integrativa del Dr. Andrew Weil, y dirige retiros de salud en San Luis Obispo, California.

Shiva

La Fundación Shivá es una organización no lucrativa, comprometida a desarrollar recursos y ofrecer apoyo en el proceso del duelo. Estos programas (en constante evolución) están al alcance de individuos, familias, comunidades y empresas.

Fundación Shivá
www.goodgrief.org

⁂

Desde el instante en que vi las fotografías hechas por Michael Kenna me sentí cautivada por las impactantes imágenes que parecían ver lo que siente el corazón. Para mí, la imagen de *"The Cob"* expresa la esencia de *Bendita pena:* un sendero solitario, lúgubre y un tanto hostil que de todos modos nos embelesa, gracias a la gloriosa luz que se percibe un poco más allá. Mi profundo agradecimiento al Sr. Kenna por habernos permitido usar su fotografía.

—DMC